FILOSOFIA
NO ENSINO FUNDAMENTAL
• •

SÉRIE ABORDAGENS FILOSÓFICAS EM EDUCAÇÃO

inter
saberes

FILOSOFIA
NO ENSINO FUNDAMENTAL

2ª edição

Karen Franklin

Rua Clara Vendramin, 58 – Mossunguê – CEP 81200-170 – Curitiba-PR – Brasil
Fone: (41) 2106-4170 – www.intersaberes.com – editora@intersaberes.com

Conselho editorial
Dr. Alexandre Coutinho Pagliarini
Dr.ª Elena Godoy
Dr. Neri dos Santos
M.ª Maria Lúcia Prado Sabatella

Editora-chefe
Lindsay Azambuja

Gerente editorial
Ariadne Nunes Wenger

Assistente editorial
Daniela Viroli Pereira Pinto

Edição de texto
Monique Francis Fagundes Gonçalves

Capa
Denis Kaio Tanaami (*design*)
Charles L. da Silva (adaptação)
GNT STUDIO/Shutterstock (imagem)

Projeto gráfico
Regiane Rosa

Diagramação
Fabiola Penso

Iconografia
Regina Claudia Cruz Prestes

Dados Internacionais de Catalogação na Publicação (CIP)
(Câmara Brasileira do Livro, SP, Brasil)

Franklin, Karen
    Filosofia no ensino fundamental / Karen Franklin. -- 2. ed.
-- Curitiba, PR : Editora Intersaberes, 2023. -- (Série abordagens filosóficas em educação)

    Bibliografia.
    ISBN 978-85-227-0653-2

    1. Filosofia (Ensino fundamental) I. Título. II. Série.

23-152469   CDD-372.8

Índices para catálogo sistemático:
1. Filosofia : Estudo e ensino   372.8

Eliane de Freitas Leite – Bibliotecária – CRB 8/8415

1ª edição, 2016.
2ª edição, 2023.

Foi feito o depósito legal.

Informamos que é de inteira responsabilidade da autora a emissão de conceitos.

Nenhuma parte desta publicação poderá ser reproduzida por qualquer meio ou forma sem a prévia autorização da Editora InterSaberes.

A violação dos direitos autorais é crime estabelecido na Lei n. 9.610/1998 e punido pelo art. 184 do Código Penal.

Sumário

Apresentação, 7

Organização didático-pedagógica, 11

Capítulo I
Filosofia no ensino fundamental: desafios e possibilidades, 15
1.1 Qual filosofia?, 21
1.2 Qual pedagogia?, 27
1.3 Qual linguagem?, 33

Capítulo II
Filosofia para crianças: o programa de Lipman, 47
2.1 Matthew Lipman, o fundador, 50
2.2 Proposta inicial, 51
2.3 Material didático e currículo: uma transposição necessária, 60
2.4 Metodologia, 65
2.5 A formação de professores, 69
2.6 Comunidade de investigação, 73
2.7 Alcance da filosofia para crianças no Brasil, 80

Capítulo III
Pensamento filosófico e aprendizagem infantil, 91
3.1 Visões ou concepções de infância, 95
3.2 O filosofar na infância e suas proposições, 104
3.3 A aprendizagem infantil e o filosofar, 110

Capítulo IV
Filosofia e conhecimento crítico e criativo, 129
4.1 O pensamento filosófico é crítico?, 132
4.2 Do conhecimento crítico ao pensamento cuidadoso, 137
4.3 Ter ideias, ser criativo
e o método filosofante, 142
4.4 Outras possibilidades, 149
4.5 Alguns exemplos de materiais alternativos para o trabalho com filosofia no ensino fundamental, 149

Capítulo V
O ensino de filosofia como comunidade de investigação em sala de aula, 163
5.1 Aprender a filosofar: um assunto em pleno desenvolvimento, 166
5.2 Estabelecendo regras de discussão, 172
5.3 A comunidade em sala de aula (temporalidade), 178
5.4 A comunidade em grupos de estudo (diferença de tempo), 183

Considerações finais, 193

Referências, 196

Bibliografia comentada, 200

Respostas, 202

Sobre a autora, 209

Apresentação

Esta obra tem a finalidade de apresentar um espectro amplo do trabalho filosófico no ensino fundamental. Nossa intenção é examinar os vários aspectos do ensino de filosofia nas classes escolares em que ele tradicionalmente não é encontrado. No Brasil, a filosofia voltou a ser obrigatória para o ensino médio no ano de 2007. Isso nos motivou a retomar alguns temas relativos ao período anterior da escolaridade, a saber, o ensino fundamental. Se é nessa fase da vida que muitas questões são determinantes para cada um de nós, não seria estranho deixarmos de cuidar filosoficamente dela? Por isso, com este livro, oferecemos uma contribuição para que o debate sobre filosofia no ensino fundamental entre na pauta de discussões, passe a ser prioritário e encontre caminhos para se realizar.

Este livro está dividido em cinco capítulos, que abordam, de forma ampla, as questões que permeiam a filosofia para as crianças e com elas. O primeiro capítulo apresentará o princípio filosófico como uma maneira de educar que permite à criança estabelecer o próprio processo de desenvolvimento, o qual está diretamente ligado à possibilidade de buscar significados por meio da linguagem. Esclarecer como construir conceitos isoladamente ou em conjunto é importante para o crescimento das crianças. A admiração diante do mundo é o ponto inicial para a reflexão filosófica e, quando praticada por crianças, pode nos trazer novas perspectivas para pensar esse mundo.

O segundo capítulo será dedicado à apresentação do trabalho pioneiro de Matthew Lipman em seu Institute for the Advancement of Philosophy for Children (IAPC). O movimento e o desenvolvimento da filosofia para crianças na contemporaneidade foram impulsionados pelas pesquisas e pelos objetivos educacionais estabelecidos por Lipman, que os exportou para todos os cantos do mundo. Buscaremos demonstrar a importância da preparação dos professores que trabalham a disciplina de filosofia com crianças e refletiremos sobre a metodologia e as habilidades para conduzir uma comunidade de investigação, preparando os alunos para essas comunidades e desenvolvendo a reflexão filosófica por meio delas. Procuraremos, igualmente, apresentar o desenvolvimento da filosofia para crianças e suas transformações, principalmente ocorridas no Brasil, com o surgimento de novos materiais didáticos, para além das novelas filosóficas de Lipman.

O terceiro capítulo tratará da aprendizagem infantil e de sua relação com a filosofia para crianças. Buscaremos elucidar o conceito de infância no decorrer da história do pensamento humano. Assim, por meio das concepções filosóficas de Plutarco, Jean-Jacques Rousseau

e Immanuel Kant sobre o conceito de infância e a relação deste com a aprendizagem infantil, mostraremos possibilidades efetivamente filosóficas para se pensar a questão. Essa discussão servirá de ponto de partida para pensarmos na mudança de perspectivas sobre a infância no século XXI. Procuraremos esclarecer como as concepções de infância e de ensino estão ligadas às teorias pedagógicas e à formação profissional dos professores de filosofia para o ensino fundamental.

O quarto capítulo apresentará as questões que envolvem o pensamento crítico e criativo e sua relação com a filosofia para crianças. Partindo da compreensão do conceito de pensamento crítico, passaremos pela compreensão do pensamento criativo até o conceito de "pensamento que cuida", na qualidade daquele que deve vigorar nas comunidades de investigação. Estão envolvidas aqui as noções de colaboração, solidariedade e construção coletiva dos conceitos fundamentais mais significativos. Nesse capítulo, abordaremos rapidamente a relação entre a filosofia com crianças e a teoria de *ethic of care*. Com base no conceito de filosofia como arte, iniciaremos nossas indagações sobre a metodologia e as perspectivas do trabalho de reflexão com crianças.

O quinto e último capítulo será dedicado à reflexão sobre a prática e as possibilidades de instalação de comunidades de investigação nas escolas. Considerando-se a aprendizagem filosófica e o propósito de desenvolver a capacidade das crianças, teceremos observações sobre a possibilidade de efetivar essas comunidades no ensino fundamental. As reflexões sobre o ensinar e o aprender permeiam o capítulo, pois buscam esclarecer a necessidade de deixar as crianças desenvolverem a própria capacidade de "ler" a realidade de forma autêntica e criativa. Por isso, a liberdade de desenvolvimento intelectual será o pano de fundo do capítulo. Também traremos alguns exemplos capazes de inspirar professores, pais, avós, familiares, enfim, pessoas preocupadas e ocupadas com o processo de educação das crianças e dispostas a se lançarem, com os pequenos, na aventura do diálogo reflexivo.

Não podemos deixar de assinalar que o trabalho de filosofia para crianças, ou com elas, no Brasil tem influência conceitual e metodológica de Matthew Lipman durante todo o seu percurso. Nosso trabalho não é diferente. Seguramente, mesmo quando cabe crítica, a construção intelectual e o desenvolvimento das metodologias tomam como referência o trabalho desse pioneiro norte-americano. Cientes de que a inspiração desse filósofo está ligada a John Dewey e à filosofia clássica de Sócrates, Platão e Aristóteles, entre outros, marcaremos como linha condutora deste livro o trabalho de Lipman. Sua influência se torna evidente pelo didatismo com que trata a questão, pela metodologia criada no IAPC e pelas constantes tentativas de aprimoramento das novelas filosóficas para adaptá-las aos países em que atuou, por meio de sua equipe de parceiros. Assim, temos de dar crédito à influência desse pedagogo, filósofo, professor e pesquisador em nosso trabalho.

De todo modo, esta obra não tem a intenção de esgotar os temas; é, antes, uma provocação aos leitores. Provocar para a percepção de que a reflexão filosófica nas primeiras fases da vida é possível e de que basta observar as crianças para perceber a riqueza que mora nelas. Esperamos que seja uma ótima leitura.

Organização Didático-Pedagógica

Esta seção tem a finalidade de apresentar os recursos de aprendizagem utilizados no decorrer da obra, de modo a evidenciar quais aspectos didático-pedagógicos nortearam o planejamento do material e a forma como o aluno/leitor pode tirar o melhor proveito dos conteúdos para seu aprendizado.

Introdução ao Capítulo

Logo na abertura do capítulo, você é informado a respeito dos conteúdos que nele serão abordados, bem como dos objetivos que a autora pretende alcançar.

Síntese

Você conta, nesta seção, com um recurso que o instigará a fazer uma reflexão sobre os conteúdos estudados, de modo a contribuir para que as conclusões a que você chegou sejam reafirmadas ou redefinidas.

Indicações culturais

Ao final do capítulo, a autora oferece algumas indicações de livros, filmes ou *sites* que podem ajudá-lo a refletir sobre os conteúdos estudados e permitir o aprofundamento em seu processo de aprendizagem.

Atividades de autoavaliação

Com estas questões objetivas, você tem a oportunidade de verificar o grau de assimilação dos conceitos examinados, motivando-se a progredir em seus estudos e a se preparar para outras atividades avaliativas.

Atividades de aprendizagem

Aqui você dispõe de questões cujo objetivo é levá-lo a analisar criticamente determinado assunto e aproximar conhecimentos teóricos e práticos.

Bibliografia comentada

Nesta seção, você encontra comentários acerca de algumas obras de referência para o estudo dos temas examinados.

1

Filosofia no ensino fundamental:
desafios e possibilidades

Ninguém, quando jovem, deixe de
filosofar nem, quando velho,
se canse filosofando. Pois ninguém
é jovem demais ou demasiadamente
velho, para fazer algo pela sua saúde
espiritual. [...] A filosofia cabe tanto ao
jovem quanto ao velho.

(Epicuro, *Carta a Meneceu*)

Desde a Antiguidade, questiona-se quem deve ocupar-se da filosofia. Um dos maiores filósofos da Grécia, chamado Sócrates (470 a.C.-399 a.C.), instigava a todos em praça pública, a ágora. Porém, desde aquela época, há controvérsias sobre o que é essa ocupação, o filosofar. O mais popular discípulo de Sócatres foi Platão (428 a.C.-348 a.C.), que questionou a possibilidade de crianças e jovens se dedicarem à filosofia, pois o método dialético não deveria ser encarado como brincadeira ou simplesmente como disputa argumentativa[1], era preciso seriedade para se buscar a verdade em toda discussão filosófica. Certamente, Platão se engalfinhava com a maioria dos sofistas,

---

1 É possível encontrar referências extensas desse problema em *A República*, em que a prevenção à dialética para os jovens encontra-se fundamentada. Também é importante notar que os antigos compreendiam uma aproximação entre lógica e dialética, ou seja, a arte do bem pensar e a arte do bem falar estavam intrinsecamente ligadas pelo significado. Cícero e Quintiliano usaram os termos no mesmo significado geral.

como Górgias (485 a.C.-380 a.C.), que buscava, na arte da retórica, o argumento jurídico que venceria nos tribunais, sem necessariamente colocar no foco das discussões as questões da justiça e da verdade. Um dos maiores receios de Platão era transformar o caminho do filosofar em brincadeira de jovens que acabariam imersos em ceticismos ou relativismos.

Quando Arthur Schopenhauer (1788-1860) redigiu o tratado *A arte de ter razão* (1831), expressou, de certa forma, todo o receio platônico sobre a dialética, tomando-a como uma disputa argumentativa, e não como no sentido socrático de um "caminho que conduz à verdade". Afirma Schopenhauer (2001, p. 3, grifo do original): "A dialética erística é a arte de disputar, mais precisamente a arte de disputar de maneira tal que se fique com a razão, portanto, *per fas et nefas* (com meios lícitos e ilícitos)". Ele faz ver os temores de Platão com os sofistas em geral, pois, para se estabelecer uma conversação filosófica, a exigência de compromisso com a verdade era clara. Mas, certamente, após a desconstrução filosófica do século XX, podemos ter em mente que "a verdade objetiva de uma proposição e sua validade na aprovação dos litigantes e ouvintes são duas coisas distintas" (Schopenhauer, 2001, p. 3). Isso está claro atualmente, mas não estava no princípio do filosofar, quando as preocupações socráticas se avultavam como um fenômeno sem precedentes. As críticas aos sofistas, feitas por Platão ou Xenofonte (430 a.C.-354 a.C.), discípulos de Sócrates, não são hegemônicas. Nem todos os sofistas tinham a mesma apropriação do discurso retórico. Muitas vezes, Platão rendeu homenagens, em seus diálogos, a Protágoras (490 a.C.-415 a.C.), um dos maiores sofistas da Antiguidade. Assim, devemos ter em mente que a compreensão da dimensão dialética tem relação com o propósito da filosofia, ou seja, é preciso compreendermos seu alcance e seu significado para empreendermos seu uso.

Esse pequeno aporte histórico que relembramos nos leva justamente à questão que emerge neste capítulo: Filosofia para crianças? O que queremos dizer quando falamos que vamos fazer filosofia para crianças ou com elas? Estamos utilizando o mesmo sentido terminológico de Platão, Sócrates ou Schopenhauer? Sim e não.

Certamente, quando falamos de filosofia para crianças, temos de pensar que estamos nos referindo a uma atividade que elas tenham capacidade para realizar e, principalmente, que seja significativa para a vida delas. Por isso, está longe o sentido de filosofia como uma atividade distante do universo cognitivo infantil. Mas cabe a pergunta: Por que introduzir no currículo da escola básica uma disciplina da qual a maioria dos adultos não gosta? Para muitos, é um completo erro pensar nessa possibilidade, pois filosofia é coisa de "gente grande" e séria, algo para universitários e pesquisadores. Essa perspectiva pode ter origem em Platão e em seu receio de que a filosofia fosse democratizada até se tornar uma atividade de disputa argumentativa sem objetivo específico. Por muito tempo, ficamos com a impressão – equivocada, certamente – de que Platão postulava que a arte do diálogo era apenas para adultos com objetivos bons e justos, que se utilizavam do discurso argumentativo para chegar a uma só verdade. Podemos até pensar nessa possibilidade, pois em muitos momentos de sua obra essas expressões são literais. Mas o que pensar de Sócrates, mestre de Platão, que não negava o método de discussão a ninguém, que professava em praça pública sua habilidade de questionar sobre a vida para quem quisesse ouvir e participar?

Na verdade, inspirados justamente nesses primeiros filósofos e em suas experiências com o pensamento é que temos de retomar alguns valores básicos da filosofia, para pensá-la como uma atividade que pode ser voltada à infância e que na infância fará a maior diferença. A história da filosofia nos traz bons exemplos de como a filosofia pode influenciar no crescimento intelectual, moral e físico de uma criança, basta que saibamos onde encontrá-los e o que fazer com eles.

Se começarmos pelo método maiêutico, típico das conversas de Sócrates com seus interlocutores, teremos um exemplo simples de como uma conversa argumentada pode revelar não só um propósito coletivo, mas também estratégias argumentativas que por si sós são formativas. Certamente, são essas estratégias que interessam aos educadores. No entanto, interessam muito mais às crianças as descobertas que essas conversas argumentadas podem lhes revelar. Nesse sentido, a filosofia é bem-vinda ao nível básico de ensino, porque é nessa fase que ela pode fazer muita diferença, tanto na forma como professores e alunos se relacionam como na interação entre seu conteúdo e o das demais disciplinas. Parece-nos que a filosofia, praticada nessa fase da infância, tem a propriedade não apenas de desenvolver significados para a disciplina de filosofia, mas também de dar sentido a toda a estrutura e a produção escolar.

O espírito aberto e crítico que a filosofia proporciona nessa fase escolar torna o processo significativo e, certamente, é isso o que todos que se empenham em uma atividade gostariam de encontrar. Então, podemos considerar que a filosofia é uma atividade? Sim, uma atividade do pensamento que pode ser prazerosa para os alunos e para o professor, pois a prática do filosofar pode cotejar os melhores

caminhos para o desenvolvimento dos processos cognitivos dentro e fora da sala de aula.

1.1 Qual filosofia?

Se estamos falando em atividade do pensamento, ela mesma deve ter peculiaridades para se diferenciar de todas as outras atividades. A filosofia é uma atividade da alma, que pode ter muita sintonia com a infância. Já nos tempos de Platão, a origem do filosofar era tomada de mistério. Porém, foi esse filósofo quem definiu, em primeira mão, o estado de espírito do qual todo aquele que se lança no filosofar pode se imbuir. Admiração, espanto, perplexidade: eis o ponto inicial. Segundo Perine (2007, p. 20-21), Platão nos conduz a encontrar o princípio do filosofar nesse admirável estado de espírito.

O que mais facilmente encontramos na criança é a capacidade de se espantar com o mundo, de admirar o inusitado e experimentar a perplexidade diante da vida. São essas características da infância que fazem, cada vez mais, os educadores apostarem na atividade do filosofar como forma de instruir as crianças de forma significativa. Mas que tipo de filosofia seria apropriada para a primeira infância ou a puberdade e a adolescência? Certamente, não poderá ser a mesma das universidades, feita por pesquisadores e doutores. Ela deverá, de certo modo, ser outra de si mesma, uma forma de fazer filosofia ou de filosofar que faça a criança e o jovem despertarem para essa atividade prazerosa e interessante. Em outras palavras, a filosofia de terminologia austera e rigorosa não serve a nossos propósitos, porque não oferece, à primeira vista, nenhum significado, é constituída apenas por palavras difíceis e sem sentido.

Para pensarmos em qual filosofia cabe à infância, temos de voltar a Sócrates[2], buscando no "parteiro de almas" não apenas uma inspiração, mas também um caminho a seguir. O filósofo afirmava que não ensinava, mas que buscava em seu interlocutor o saber que já estava por lá. A simplicidade com que Sócrates usava a estratégia argumentativa maiêutica pode ser elucidativa para a questão aqui proposta: Qual filosofia? Para responder a essa pergunta, temos de retomar alguns princípios da origem do filosofar na Antiguidade.

Experimentar, vivenciar, colocar-se à procura. Estes eram os princípios que Sócrates desenvolvia em seu método maiêutico. Uma forma de dar luz aos conhecimentos: "E isto é o mais importante na nossa profissão: ser capaz de provar, por todos os meios, se o pensamento do jovem dá origem ao imaginário, isto é, ao falso, ou ao fruto de uma concepção, isto é, ao verdadeiro" (Platão, *Teeteto* 150b, citado por Dorion, 2008, p. 54). Mesmo tendo uma preconcepção do que sejam o verdadeiro e o falso, pois Sócrates procura pela verdadeira essência de todas as coisas, podemos fazer uma analogia com sua forma de indagar o outro. Alguns desses princípios podem ser usados para esclarecer qual filosofia poderemos proporcionar às crianças: adequada à capacidade argumentativa e à idade. Assim, não falaremos sobre *eudaimonia* ou *areté*, como os estudiosos universitários, mas poderemos iniciar uma discussão sobre as concepções que as crianças têm de felicidade ou de ser bom com alguém ou consigo mesmo. A tradução e a transposição, nesse caso, são imprescindíveis. Assim,

---

2 Usamos aqui a figura de Sócrates como personagem dos primeiros diálogos de Platão, nos quais sua influência ainda é decisiva na forma de conduzir os diálogos, principalmente aqueles ditos *socráticos*, que conduzem à pesquisa focada no esclarecimento de um conceito.

buscaremos, na construção dos conceitos, uma forma de preparar a criança para compreender a argumentação filosófica ou a explicação sobre a complexidade da vida. Na verdade, se nos inspirarmos em Sócrates, teremos de enxergar o filosofar como um modo de vida, uma forma de encarar a realidade em que vivemos em sua mais completa formulação. Podemos afirmar isso porque, logo que a criança cresce, assume a postura científica e reducionista que os adultos alastram em suas perspectivas de vida; tudo é segmentado para ser imediatamente catalogado e ordenado. A criança ainda carrega o frescor da completude, já que é o mundo que a deixa perplexa, não necessariamente uma pequena parte dele. Imaginar que a criança está apta a filosofar é o mesmo que considerá-la apta à compreensão de si mesma.

O filosofar de que falamos não é um filosofar qualquer, precisa de tradução e significado, mas deve manter a essência do que é filosófico, ou seja, deve manter o frescor da admiração. Perine (2007) nos apresenta digressões sobre a maneira como Platão busca esclarecer as características do que é filosófico, mostra-nos como os verbos gregos *theoréin* e *thaumázein*, que significam "ver" e "admirar", respectivamente, fazem as vezes da revelação da realidade. O filósofo não está afastado da realidade, tratando de temas alheios ao cotidiano, pois ele, ao admirar-se com o mundo, segue na busca por significados desse mesmo mundo.

> Trata-se, portanto, de um olhar aberto para a realidade, que a acolhe tal como ela se apresenta, tal como ela se desvela aos olhos atentos do filósofo. Embora desprovida de qualquer interesse imediato, que não fosse a pura contemplação da verdade, a vida teórica não estava isenta de implicações éticas e políticas. (Perine, 2007, p. 22)

É esclarecedora a forma como Sócrates buscava abordar os temas nas discussões que presidia. Procurava o esclarecimento de seu interlocutor sobre aquilo que ele acreditava conhecer e, no sentido de esclarecer o pensamento e revelar um modo de compreensão da realidade, também provocava a descoberta de seu interlocutor. Sócrates tentava demonstrar que, por meio da teoria da reminiscência – que é uma concepção de conhecimento prévio em que o ato de aprender não é outra coisa senão relembrar –, pode-se desvelar toda a nossa percepção da realidade. Para ilustrarmos essa ideia, podemos citar uma passagem do diálogo *Ménon*, de Platão, em que busca demonstrar que a opinião verdadeira sobre um assunto é o conhecimento que se revela à razão mesma. Depois de questionar o escravo de Ménon, Sócrates conclui que as revelações sobre geometria já estavam dentro dele, em sua alma, que ele já possuía esse conhecimento.

— Que opinas Ménon? Ele expressou alguma opinião que não haja deduzido por si mesmo?
— Nenhuma. Ele tirou todas as conclusões de seu próprio saber. [...]
— Você tem que admitir, portanto, que estas opiniões se encontravam já nele. Não é verdade?
— Sim. – diz Ménon.
— Portanto, acerca das coisas que alguém ignora, pode ter em si opiniões verdadeiras?
— Parece evidente que sim.
— Nestes momentos as opiniões verdadeiras brotaram nele como em um sonho. Pois se lhe interrogamos com frequência e de diversas formas sobre os mesmos temas, pode estar seguro que acabará por ter um saber tão exato como qualquer outro homem estudado.
— É provável.
— Saberá, pois, sem ter tido um mestre, graças a simples interrogações, e encontrou em si mesmo e por si mesmo seu saber. Não é assim?
— Inteiramente. (Platão, 1990, *Menón*, p. 85c-86b)

Seguramente, as conclusões de Sócrates têm uma finalidade, mas o que queremos assinalar aqui é o modo de inquirir os outros, a metodologia usada por Sócrates para retirar conhecimento. Em outras palavras, a estratégia é questionar de forma que o interlocutor se descubra capaz de buscar respostas verdadeiras para aquilo que se pretende saber. Com isso, a filosofia torna-se uma abertura para o conhecimento do que temos de mais precioso, uma pulsão pelo saber.

A filosofia que devemos proporcionar às crianças então é aquela que se revela na admiração do mundo, pois a própria infância está ávida por conhecer e compreender aquilo que a circunda. Deve ser uma forma de filosofar que traga significado e esclarecimento às indagações sobre a vida, sobre os acontecimentos e sobre aquilo que poderia ser algo. Certamente, teorias do conhecimento terão grande impacto na discussão com crianças, mas, evidentemente, elas não querem saber qual é essa teoria, se de Platão, de Jean-Jacques Rousseau (1712-1778) ou de Immanuel Kant (1724-1804). O que lhes interessa é o processo significativo, ou não, que vivenciam quando estão filosofando.

Assim, o filosofar na infância precisa estar atrelado à pertinência de uma tradução, para o universo infantil, dos temas e dos assuntos que cabem ao filosofar nessa fase da vida. Será adequado na medida em que provoque significados interessantes para os participantes do processo. Nesse contexto, fazem sentido as recomendações de Kant (2006, p. 83): "As crianças devem ser instruídas apenas naquelas coisas adaptadas à sua idade. Muitos pais se alegram vendo seus filhos proferirem discursos de velhos; tais crianças a nada chegam. Uma criança não deve ter senão a prudência de uma criança; e não deve se transformar num imitador cego".

Mesmo compreendendo que Kant fale em instrução no sentido de inculcar nas crianças terminologia que não lhes cabe, podemos tomar essa recomendação para o trabalho com a filosofia que se compartilha com as crianças, isto é, não incutir em sua linguagem terminologias que não compreendam, ou palavras que não têm sentido para elas ou, ainda, termos técnicos que só cabem a especialistas. O que podemos fazer é dar-lhes a oportunidade de se lançarem em uma busca prazerosa pelo conhecimento, pelo autoconhecimento e pelas descobertas diante do mundo, um mundo que lhes é totalmente novo, pois elas mesmas são novas nele.

Nossas esperanças de criação de novos significados estão presentes quando filosofamos com crianças, pois, apesar de chegarem a um mundo pronto, elas apresentam novos olhares, novas percepções e novos sentidos para esse mesmo mundo. O que devemos fazer é ajudá-las a compreender o próprio processo de conhecimento do mundo por meio da discussão ordenada proporcionada pela filosofia. Como retrata Arendt (2000), são as crianças que podem fazer a diferença, pois somente elas podem criar novas perspectivas – as nossas já estão enraizadas em comprometimentos, ideologias e crenças. Segundo Arendt (2000, p. 225), a educação desempenha um papel importante em todas as ideologias e utopias políticas, pois parece ser natural iniciar uma mudança de mundo a partir daqueles que são realmente novos, por nascimento e por natureza. Porém, no que toca aos procedimentos políticos, isso pode apresentar-se como um grande equívoco, pois não se assume o esforço de persuadir seus iguais, correndo o risco do fracasso. Segundo a filósofa, as conduções políticas da educação sempre têm tendência ditatorial, reafirmando a absoluta superioridade do adulto sobre a criança, ou, quando esta é tratada como um "alvorecer cultural", parece que se busca um fato já consumado, como se o novo já existisse. Arendt (2000) assinala que todas as tentativas europeias de começar um novo tempo por meio das crianças foram abraçadas, principalmente, por movimentos revolucionários de tendência totalizante que, ao chegarem ao poder, tomavam as crianças dos pais para realizar a doutrinação. Assim, a autora é muito clara ao afirmar que não é possível que a educação desempenhe papel na política, pois ela mesma deve tratar apenas com os que já estão educados, adultos que possam pertencer ao jogo político da persuasão.

Para termos a liberdade de proceder e deixar novos significados surgirem, é preciso estabelecermos, também, qual educação pretendemos levar às crianças. Nossa compreensão de educação deve ser alargada, para dar conta de uma perspectiva libertária do ato de educar e instruir. Aqui, o filosofar torna-se o mecanismo central da atuação do educador; instala-se um processo mútuo de interesse pelo caminho e pelo objetivo. Sempre que queremos chegar a algum lugar, devemos compreender que também queremos seu percurso; não há teletransporte, temos de percorrer todo o caminho. E os processos políticos pelos quais escolhemos atuar devem ser partícipes desse caminho para a liberdade na educação.

1.2 Qual pedagogia?

Para elucidarmos de onde vem essa nova visão da filosofia sobre a qual falamos e como compreendemos, na história da pedagogia, os processos que escolheremos, tomaremos a visão esclarecedora de Ferry (2011) sobre o assunto. O processo educacional dos Estados

Unidos da América nos anos 1960 e a renovação pedagógica dos anos 1970 na Europa equivalem-se na busca por alternativas educativas que propiciem a mudança necessária nas concepções sobre ensinar e aprender. No Brasil, esse fenômeno ocorreu apenas a partir dos anos 1980, mas seguiu os modelos americano e europeu.

Segundo Ferry (2001), a renovação pedagógica europeia da década de 1970, pós-maio de 1968, dedicou-se a desprestigiar a pedagogia do trabalho e do esforço que estava entranhada na escola republicana, com os estatutos meritocráticos e a expressão *Podes fazer melhor!*, para buscar na pedagogia do jogo e da autoconstrução os métodos ativos e os ideais para o desenvolvimento das crianças (Ferry, 2011, p. 251). Foi forjada, na época, a expressão *aprender a aprender*, que tomaria o mundo, junto à variante *ensinar a aprender*, como uma grande saída para resolver os problemas educacionais, tanto pontuais como gerais. Paviani (2003) reflete sobre essas questões quando questiona o que um universitário sabe fazer depois de quatro ou cinco anos de estudos. Diz ele: muito pouco. Não seria essa afirmação um exagero? Infelizmente, não. O que ocorre é que o ensino ainda está centrado na transmissão de conhecimentos e informações, não na aquisição de habilidades e competências. É nessa perspectiva que saber fazer ou realizar toma corpo nas preocupações dos professores mais comprometidos, pois as habilidades do fazer implicam a capacidade lógica de identificar, distinguir, definir, classificar, planejar as atividades a serem realizadas.

A nomenclatura do ensinar e do aprender é mais uma tentativa de solucionar uma questão evidente na educação: o conhecimento como um conjunto de informações não é suficiente, apesar de necessário. Não tornará o estudante capaz de realizar sozinho suas tarefas

profissionais, pois lhe faltam outras dimensões do saber que requerem também um comportamento ético, político e social sem o qual não poderá realizar nada (Paviani, 2003, p. 29-30).

Nenhuma ideia, entretanto, é totalmente inovadora quando se considera a história do pensamento, pois a maioria delas já estava latente ou sendo germinada na Antiguidade, no Medievo ou na Modernidade. Por isso, Ferry (2011, p. 252) evoca a autoridade de Rousseau e de Kant como colaboradores da reflexão sobre educação, ou seja, ela estava posta já no século XVIII, para não irmos mais atrás. Segundo o referido autor, Kant nos apresenta três pedagogias como forma de condução da educação, a primeira é a pedagogia do jogo; a segunda, a pedagogia do treino; e a terceira, a pedagogia do trabalho. Essas abordagens tomam a reflexão pedagógica na Europa desde o século XVIII, de forma a colocar o ensino no centro da problemática da reflexão sobre os princípios éticos fundamentais em relação à formação humana. Nesse sentido, Kant parece tomar essas diferentes maneiras de conceber a educação para torná-las centrais em sua reflexão sobre moral e política.

Para explicar melhor a situação, Ferry (2011) expõe os fundamentos das três pedagogias: a primeira, do jogo, busca dar à criança uma liberdade infinita, que ele relaciona ao sistema político da anarquia, pois prega que o saber vindo de cima é sempre dogmático; a segunda representa o modelo antigo, tradicional, que se relaciona com o poder absolutista, pois contém elementos de treinamento semelhantes aos utilizados com animais; e, finalmente, a terceira é a tentativa de conciliar as duas primeiras e tem no trabalho a forma de libertar e de construir conhecimentos.

As três formas pedagógicas ainda são largamente utilizadas, total ou parcialmente, em nossas escolas. Umas valorizam mais a ludicidade em algum momento da formação, outras priorizam a técnica e o acúmulo de informações, e outras, ainda, a perspectiva de eficiência por intermédio do trabalho. Mas onde se encontra, de certa forma, a filosofia para crianças que buscamos esclarecer? Certamente, na última concepção, na pedagogia do trabalho, pois é a que propõe o respeito à criança ao mesmo tempo que ensina disciplina. Essa concepção serve de pano de fundo à filosofia com crianças porque propõe a busca pela solução de problemas, seja de conhecimento, seja de dilemas morais. Então, será nesse sentido que o desenvolvimento da filosofia poderá ser mais profícuo; ao procurar resolver problemas em conjunto, as crianças desenvolverão a maneira republicana e democrática de viver, ou seja, por meio de um trabalho intelectual, perceberão que é possível chegar a termos adequados para todo o grupo.

Esse processo parece fornecer o "conceito sintético", ou seja, a solução da antinomia do jogo e do treino. O trabalho, quando não imposto como um constrangimento ou uma atividade vinda do exterior, parece permitir o exercício da liberdade. Nesse sentido, o trabalho é encarado como um processo de libertação, porém não deixa de gerar certo constrangimento em razão dos próprios "obstáculos objetivos, por exemplo, esses famosos "problemas" que o professor propõe ao aluno para que os resolva (Ferry, 2011, p. 253).

É nesse sentido que cabe a interpretação de que a filosofia para crianças está contida na lacuna pedagógica que considera a perspectiva do trabalho como uma fonte de realizações efetivas, mas também tem proximidade com as atividades lúdicas. Assim, para

elaborar uma pedagogia interessante para o trabalho com filosofia no ensino fundamental, é imprescindível aliar a pedagogia do jogo à do constrangimento, principalmente na instauração das comunidades de investigação[3]. Desse modo, quando propomos essa atividade intelectual para as crianças, ao mesmo tempo que estamos exigindo delas o esforço do trabalho intelectual para que desenvolvam suas capacidades naturais de argumentação e interpretação do mundo, também estamos lhes proporcionando uma atividade prazerosa. A capacidade de lidar com o mundo, interpretando-o ou transformando-o, leva à constituição da cidadania, tão requerida no seio de nossas escolas, mas também a uma capacidade de autoconhecimento que poderá formar não apenas mais um cidadão, mas também um cidadão que atue na sociedade de maneira contundente, precisa e transformadora.

Com essa visão, Ferry (2011) demonstra certa superioridade da pedagogia do trabalho em relação às outras pedagogias, principalmente no que se refere à construção de uma cidadania capaz de fazer frente ao próprio mundo. "À anarquia do jogo e ao absolutismo do treino sucede assim a cidadania republicana do trabalho que pretende ligar indissoluvelmente liberdade e disciplina. Em que é que, poder-se-á talvez perguntar, o trabalho acarreta um laço com a cidadania republicana?" (Ferry, 2011, p. 254).

Segundo Ferry (2011), esse entrelaçamento é essencial para a compreensão do que seja viver republicanamente. Isso significa que a pedagogia do trabalho reflete toda a essência do que o Estado republicano prega: trabalho como forma de construir a cidadania, seja na escola, seja na sociedade.

---

3 No próximo capítulo, trataremos do conceito de comunidades de investigação.

Posto isso, temos aqui claramente que a filosofia para crianças busca um caminho republicano para se constituir no seio da escola como uma nova forma de se preparar para o mundo. Assim, o desenvolvimento lógico e intelectual da criança estará assegurado no processo de busca que a filosofia para crianças provocará no interior da escola, pois, com esforço intelectual disciplinado e compreensão das regras, a criança estará preparada para enfrentar o estilo republicano da sociedade. Com esse modo de ver o mundo, a diferença e a diversidade se presentificam, pois têm liberdade de se desenvolver. Essa liberdade será fundamental para aprimorar as novas perspectivas de mundo que surgirem em cada uma das gerações que nascerem.

A forma de perguntar da filosofia está também posta como uma forma de resolver os dilemas do mundo: "esse perguntar se inscreve na metodologia do 'resolver problemas', calcado no paradigma deweyano de investigação científica. Assim, a investigação leva a que uma situação problematizada deixe de ser tal" (Kohan, 2005, p. 105). A criança que passa pela construção filosófica do conhecimento, bem como pela solução de situações-problema, teoricamente estaria mais preparada para enfrentar as questões do mundo, pois, ao racionalizar e assumir as resoluções dos problemas, estará mais bem preparada para propor soluções. Então, o questionamento ordenado que propõe a filosofia para crianças é mais uma forma esperançosa de resolver os problemas educacionais que enfrentamos em nosso dia a dia. Cabe, pois, transformar essa esperança em ação efetiva, buscando transformar o cotidiano escolar em algo significativo para todos agentes envolvidos: alunos, professores, pais de alunos.

1.3 Qual linguagem?

Dificilmente refletimos sobre os atos de fala ou a linguagem que utilizamos. Porém, quando alguém nos reprime sobre nossa forma de expressar um pensamento, somos levados a olhar para a própria linguagem, não apenas aquela que usamos, mas também aquela que se apresenta para os outros como nossa. As palavras são a expressão de uma ação.

> Seguidamente entre marido e mulher ouve-se a frase: "Concordo com o que é dito, mas não com teu modo de dizer". Tal afirmação revela que quando se fala, além do significado do que é dito, realiza-se um ato. No exemplo citado, o modo de dizer pode indicar que marido ou mulher falam gritando ou simplesmente de maneira rude, deseducada. [...] a linguagem é uma forma de ação. Com palavras se faz coisas. Ao dizer algo estamos fazendo algo. Ao perguntar, ao ordenar ou ao prometer estamos realizando os atos de perguntar, ordenar e prometer. (Paviani, 2003, p. 105)

Se o ato de falar é também o ato de agir, fundamental às ações é o significado que elas compreendem em nosso fazer e querer fazer. Significado, eis a questão! Se a atividade filosófica com as crianças continuará sendo a mesma dos adultos – a saber, esclarecer os conceitos, buscar significados, criar interpretações, interpretar o mundo –, como faremos isso sem uma linguagem apropriada? Apropriada como um modo apropriado de agir (por exemplo, educado, conciso ou comprometido)? Linguagem e ação estão intrinsecamente ligadas no momento da fala, porém como fazer isso com a linguagem simples que encontramos na infância? Trata-se de um conjunto linguístico que ainda está em desenvolvimento, que carece tanto de apropriação da linguagem tradicional quanto da capacidade de desenvolver uma linguagem própria. Percebemos que a atividade filosófica não pode ser realizada distante de uma adequada linguagem, então questionamos se a criança estaria apta a realizar um ato efetivamente filosófico como o próprio filosofar.

É nesse ponto que devemos parar para pensar na linguagem filosófica. O que já indicamos anteriormente a respeito de uma adequada tradução e transposição linguística para o universo da criança faz-se necessário quando trabalhamos com a educação filosófica no ensino fundamental. Porém, a quem interessa essa tradução se a reflexão filosófica parece ser sempre uma "reflexão de segundo grau" voltada à realidade, colocando novas perguntas que impelem para a busca de novos sentidos? Segundo Perine (2007, p. 110-111), "a reflexão da realidade no ser humano real, a filosofia nunca é acabada e só interessa aos que aceitarem começar sempre de novo o esforço de compreensão de si mesmos e da totalidade inesgotável da realidade".

Se compreendermos a perspectiva de Perine de que a preocupação pela filosofia é apenas uma preocupação da filosofia e de que as pessoas "normais" não perdem tempo com ela, teremos de ter em mente que a filosofia se faz importante como preocupação apenas para as pessoas que têm algo a contribuir com o mundo; as demais nascem, procriam, experimentam e morrem. Nesse sentido, é por um tipo especial de ser humano que a filosofia procura: pessoas que façam a diferença! Que época mais propícia para procurar pessoas significativas do que a infância? Se é nesse período que a filosofia pode seduzir e fazer germinar a preocupação, é nele que devemos nos concentrar para adequar a linguagem e a significância.

Assim, a filosofia interessa a todos, pois desde a infância todas podem aproveitar o prazer de descobrir significados e esclarecer conceitos e posições. "Mesmo que a filosofia não transforme o mundo, se se entende por transformar uma intervenção ativa e direta no curso dos acontecimentos, ela transforma os seres humanos que, pela compreensão da realidade, podem mudar o rumo da história" (Perine, 2007, p. 111). Com isso, as possibilidades de transformação desde a infância são largas quando falamos de filosofia para crianças. Mas como fazer isso sem uma linguagem? Certamente, não vamos nos apropriar da terminologia abstrata com que filósofos expressam suas teorias. Para uma educação filosófica, podemos absorver a linguagem que está próxima das crianças, para, aos poucos, torná-las capazes de se expressarem sem, necessariamente, argumentar por meio de uma autoridade filosófica. A criança terá condições de expressar o próprio pensamento, mesmo que ele seja similar a alguma teoria filosófica historicamente constituída.

Traduzir uma linguagem abstrata para uma linguagem acessível não significa perder conteúdo, mas dar condições de compreensão de significados, dar condições ao diálogo. A ampliação de vocabulário das crianças quando estão na atividade de investigação é evidente; além de expandirem o próprio vocabulário, também compreendem melhor como é possível criar expressões e significados. Esse tratamento da linguagem é próprio da reflexão filosófica, e esta, quando realizada no ensino fundamental, auxilia na construção de um saber que vai além de uma disciplina. De acordo com Sardi (2004), a criação linguística nos permite ir além, lidar com a própria língua e ser capazes de modificá-la e ampliá-la. Adepto do incentivo às artes e à poesia com as crianças, esse autor pontua que é um caminho profícuo para estimular a reflexão sobre a vivência delas como forma de acessibilidade a novas maneiras de expressão. "Observe-se, ainda, como também no campo científico sempre surge a necessidade de criação de novos termos e expressões que objetivam dar conta de novos conhecimentos e da formação de novas teorias" (Sardi, 2004, p. 73). Ou seja, seguramente, a criação linguística está presente e realiza-se quando buscamos dizer algo novo ou o mesmo, mas de outro modo. Ao exercitarmos essa expressão linguística, criamos um estilo de expressão completamente autêntico.

Essa criação nova é o desabrochar da linguagem filosófica na infância, pois é nessa fase que as crianças realizam esforços para dizer algo sobre o mundo. Justamente esse dizer sobre o mundo implica o comprometimento entre aquele que fala e aquele que escuta, ou seja, os participantes do diálogo. Como vimos anteriormente, é em Sócrates que temos o mais antigo, mas ainda atual, correlato de um diálogo comprometido com o tema a ser discutido e com a verdade que se pode inferir sobre ele. Estar preparado para o comprometimento leva a uma exigência de precisão na linguagem que vai desencadear o bom entendimento da questão ou, também, o sentido de compreender a diferença entre as opiniões dos participantes do diálogo. É nesse contexto que a linguagem infantil mais vai se desenvolver, pois, mesmo que as crianças tenham uma restrição quantitativa de linguagem em relação aos adultos e que tenham dificuldades iniciais em expressar o próprio pensamento, elas ainda têm a capacidade de compreender o sentido do que é dito.

Assim, a necessidade de traduzir as questões filosóficas para os padrões infantis não quer dizer que perderemos significados e sentidos filosóficos, apenas que teremos de conduzir as crianças por sua própria apropriação de linguagem, tornando-se capaz de expressar exatamente o que estão pensando. Não podemos exigir que as crianças se expressem desde o início das atividades de forma a conseguirem manter uma linguagem precisa e própria. Elas precisam de tempo, como todos os adultos, para tomar gosto pelo pensamento criterioso, cuidadoso e que examina os dilemas do mundo e da vida. A linguagem será paulatinamente acrescida de novos termos e expressões que retratem o pensamento, mas isso será feito com base em suas próprias necessidades.

A partir de quando podemos fomentar essa necessidade? A possibilidade de potencializar a conquista da linguagem está em relacioná-la com a apropriação da linguagem literária, presente na escolarização infantil. Podemos, por meio dela, fomentar cada vez mais a necessidade de buscar expressões que retratem mais precisamente o pensamento. Fazemos essa relação porque, para se estabelecer um diálogo filosófico com crianças, é preciso partir de um dado concreto, o texto. Os textos a serem oferecidos podem ser obras de literatura infantil, novelas filosóficas (escritas justamente para esse fim), imagens, desenhos animados ou quadrinhos, enfim, qualquer ponto de partida pode dar início a uma conversação filosófica com crianças.

A partir do momento que a criança começa a falar, ela já tem significantes e significados correspondentes às palavras, embora, muitas vezes, não sejam o mesmo signo que usamos. Exemplo disso é nossa forma de justificar a linguagem dos bebês, que expressam algo que não corresponde às nossas palavras. Assim, tentamos corrigir as expressões infantis com a compreensão que temos de suas conexões – nós as interpretamos: expressões estranhas, vontades, necessidades e indicações. Enfim, buscamos dar sentido ao que expressam. Mas os pequenos, ao se comunicarem, já indicam o sentido? Sim, porém nós não o compreendemos de imediato, precisamos de traduções para a nossa língua. A necessidade que se impõe para compreendermos o que um bebê fala é a da tradução, para que possamos auxiliá-lo de algum modo em suas necessidades expressivas. Precisamos transpor intenções para que possamos compreendê-las.

Essa mesma necessidade de tradução aparece no momento em que iniciamos uma conversação filosófica com crianças. É preciso atenção ao que se fala para que se possa compreender seus sentidos, mas maior atenção devem ter os adultos, condutores do diálogo, pois neles recai toda a precisão de sentido. É necessário que tenham comprometimento e paciência ao ouvir, presença de espírito para dar o tempo que a criança precisa para se expressar e, principalmente, para ajudá-la quando estiver com dificuldades linguísticas. Ajudar a traduzir os pensamentos é fundamental, mas auxiliar a criança a adquirir mais linguagem para expressar seu pensamento é urgente; essa ajuda, no entanto, não deve implicar a formatação do pensamento, sua transformação para que esteja conforme o senso comum. Muitas vezes, a criança está fazendo postulações imaginárias e absurdas aos olhos comuns, mas são exercícios dentro das possibilidades que seu pensamento permite. Assim, a imaginação também entra no rol das considerações quando dialogamos com crianças; não lhes negar nenhuma possibilidade é fortalecê-las em sentido. Entretanto, temos de exigir uma coerência lógica, mesmo que momentânea, para que possam expressar-se com convicção sobre o assunto, mesmo que de forma figurativa e fantasiosa.

Exercitar o diálogo filosófico com crianças não significa inculcar fantasias nem exigir significados e linguagens *stricto sensu*, mas permitir que se expressem e avancem em seu próprio pensamento. Então, quando dizemos que a linguagem deve ser o veículo para o diálogo filosófico com as crianças, isso significa que é por meio dela que as crianças poderão avançar nos próprios pensamentos. Exemplo disso é o texto de Roger-Pol Droit (2005, p. 12-13, grifo do original), que nos mostra como é possível estar atento à condução do diálogo, buscando-se sempre acertar na precisão do problema:

> — *Se me dizem o sentido de uma palavra, é lógico que sei o que é!*
> — De jeito nenhum. Quando você aprende que a palavra "Japão" é o nome de um país da Ásia, nem por isso você conhece o Japão. Ou então, imagine uma criança que não sabe o que quer dizer a palavra "matemática". Você lhe dá uma definição: "uma ciência dos números e das figuras". Agora, a criança conhece o sentido da palavra. Pode usá-la. Mas você diria que ela sabe o que é matemática?
> — *Claro que não!*
> — Está vendo? A palavra não basta! Conhecer algo não é apenas saber uma palavra, é também, necessariamente, ter uma experiência. Você conhece o que chamam de "matemática" quando começa a fazer contas e demonstrações, fazer aritmética, álgebra ou geometria. E o Japão, você vai conhecer lendo livros, vendo exposições e filmes e, é claro, indo até lá!
> — *Então, dá para dizer que para conhecer a filosofia é preciso ir até ela?*
> — Exatamente! Você entendeu muito bem. É preciso ir até a filosofia. No entanto, não é um país, um lugar para onde se possa viajar. É antes, como a matemática, uma atividade.

Quando se faz filosofia com crianças, tenta-se chegar à mesma certeza ou verdade que a própria filosofia, como atividade, exige. Contudo, buscamos valorizar e construir, com base no *locus* linguístico delas, necessidades expressivas que vão além do vocabulário infantil. Isso necessariamente ampliará e tornará mais rico esse vocabulário, e a expressão linguística da criança se tornará, aos poucos, de outra ordem, mais culta e precisa.

As crianças adquirem maior vocabulário cada vez que buscam novas formas de expressar o pensamento. Nesse sentido, a linguagem que prescrevemos para possibilitar a discussão com crianças sobre assuntos filosóficos é inicialmente a do senso comum, mas que aos poucos deve ser acrescida de termos mais específicos que façam sentido para todos os que participam da discussão. Desenvolver linguisticamente as crianças é desenvolver sua capacidade de expressar a própria visão de mundo e, principalmente, sua capacidade de dizer exatamente aquilo que gostariam de dizer ao mundo.

Síntese

Neste primeiro capítulo, tratamos da filosofia para ou com crianças como uma forma de educação mais comprometida com o processo de aprendizagem. Abordamos o princípio filosófico como uma maneira de educar que permita à criança estabelecer seu processo de desenvolvimento, que está diretamente ligado à possibilidade de buscar significados por meio da linguagem, ou seja, construir conceitos isoladamente e em conjunto, admirar-se com o mundo, buscando novas perspectivas para ele.

A filosofia para crianças foi apresentada como forma de proceder que necessita de tradução para o nível fundamental da escolarização, pois não pode ser a mesma que se estuda nos bancos universitários. Da mesma maneira, discutimos qual forma pedagógica é interessante para o desenvolvimento dessa atividade na escola. Assim, a pedagogia do trabalho apresenta-se como uma fonte interessante para conduzir os princípios do filosofar, mas que sempre está atrelada ao lúdico e ao conteúdo a ser assimilado.

Buscamos, ainda, esclarecer como a formulação de novas linguagens é importante para o trabalho filosófico com crianças, pois o exercício intelectual a que são submetidas deve contemplar uma atividade prazerosa e significativa. Com isso, afirmamos que a linguagem filosófica das crianças se desenvolve à medida que avançam suas possibilidades de tradução das questões e dos problemas que lhes são propostos nas discussões filosóficas.

Indicações culturais

É possível buscarmos um aprofundamento nas questões que abordamos neste primeiro capítulo, seja com uma complementação de leitura, seja com a reflexão sobre os processos de aquisição de linguagem pelos quais a criança passa. Para isso, apresentamos as seguintes sugestões:

DROIT, R-P. **A filosofia explicada à minha filha**. São Paulo: M. Fontes, 2005.

Esse texto se constitui em uma descrição interessante para tentar esclarecer como o problema da filosofia pode ser abordado, mas, principalmente, para fazer compreender o que são a filosofia e o filosofar. A linguagem é simples e a condução do texto leva o leitor a perceber, quase como uma criança, de que forma os conceitos são abordados e desenvolvidos.

SCHOPENHAUER, A. **A arte de ter razão**: exposta em 38 estratagemas. São Paulo: M. Fontes, 2001. (Breves Encontros).

Essa obra apresenta a demonstração da retórica como forma de conduzir uma discussão em favor próprio. Discute, por meio da descrição dos estratagemas linguísticos, como é possível reverter a posição em meio à discussão. Aborda, também, alguns dos conceitos de dialética e retórica.

EDWARDS, C.; GANDINI, L.; FORMAN, G. (Org.). **As cem linguagens da criança**: a abordagem de Reggio Emilia na educação da primeira infância. Tradução de Dayse Batista. Porto Alegre: Artmed, 1999.

Nesse texto, é apresentada, , a descrição da experiência pedagógica da escola Reggio Emilia, que, na educação da primeira infância, estabelece novas experiências educativas. São práticas educacionais que fomentam o potencial intelectual, emocional, social e moral das crianças para um desenvolvimento completo. Basicamente, por meio de projetos, a escolarização das crianças é feita pela via da solução de problemas, pela qual os professores incentivam a melhor forma de elas se desenvolverem, sempre fomentando a formação coparticipativa.

PORTAL EDUCAÇÃO. Disponível em: <http://www.portaleducacao.com.br/fonoaudiologia#>.

Nesse *site*, é possível encontrar várias videoaulas da área de fonoaudiologia, com explicações sobre como a linguagem infantil se desenvolve.

Atividades de autoavaliação

1. Assinale V para as alternativas verdadeiras e F para as falsas:
   - ( ) A filosofia pode ser considerada uma atividade da alma.
   - ( ) A filosofia tem sua origem na perplexidade.
   - ( ) A filosofia é feita apenas por adultos especialistas.
   - ( ) As crianças não estão preparadas para a reflexão ordenada.
   - ( ) Se precisarmos traduzir e transpor conhecimentos, o entendimento da existência não será possível.

2. O que é maiêutica?
   a) Uma forma de inculcar conhecimentos em pessoas que não o têm.
   b) Uma teoria pedagógica da Antiguidade.
   c) Um método de disputa entre interlocutores em pé de igualdade.
   d) Uma forma de dar à luz o conhecimento.
   e) Um método de Schopenhauer para descrever como as questões existenciais podem ser resolvidas com discussões filosóficas.

3. A forma de dizer algo a alguém é muito significativa no diálogo. Assim, é possível **discordar** da seguinte proposição:
   a) Quando alguém fala, interessa-se sempre pela compreensão do outro no assunto.
   b) Quando algo é dito, seu significado também é uma ação.
   c) As palavras são ações.
   d) Na conversa, ocorrem jogos de poder que podem envolver cooperação e comunicação ou mentira e má-fé.

4. Assinale V para as alternativas verdadeiras e F para as falsas:
   ( ) A renovação pedagógica europeia na década de 1970 dedicou-se a desprestigiar a pedagogia do trabalho e do esforço que estava entranhada na escola republicana.
   ( ) A pedagogia do jogo busca desenvolver quadros de honra e meritocráticos em seu trabalho laboral.
   ( ) A renovação pedagógica forja expressões, como a*prender a aprender* e *ensinar a aprender*.

( ) No Brasil, a renovação pedagógica processou-se na mesma época que a europeia e a americana.

( ) Para Kant, há três pedagogias: a pedagogia por meio do jogo, a pedagogia pelo treino e a pedagogia pelo trabalho.

5. Assinale V para as alternativas verdadeiras e F para as falsas: Segundo Jayme Paviani, um estudante universitário, depois de quatro ou cinco anos de estudos, sabe muito pouco, porque:

( ) não estudou suficientemente.

( ) o ensino está centrado na transmissão de conhecimentos, e não na capacidade de aquisição de habilidades e competências.

( ) o ensino está centrado na capacidade de desenvolver habilidades e competências.

( ) não foi capaz de compreender os conteúdos que lhe foram passados e o ensino se tornou apenas um método de classificação.

Atividades de aprendizagem

Questões para reflexão

1. Em que medida podemos discutir com crianças as questões existenciais que nos perturbam?

2. A linguagem do senso comum é adequada para abordar as questões filosóficas?

3. É possível proceder a uma tradução inteiramente filosófica com crianças ou estamos apenas simplificando as questões? É possível ter profundidade nas questões discutidas com elas?

4. O que é uma atividade filosófica?

5. Podemos considerar algum método educativo como adequado para desenvolver a capacidade de reflexão das crianças? Qual?

Atividade aplicada: prática

> Desenvolva um texto sobre a concepção de discussão filosófica por meio da maiêutica socrática. Apresente exemplos de como a linguagem é importante para esclarecer pontos de vista discordantes e compreensões equivocadas. Em meio a essa reflexão, busque desenvolver sua própria concepção de filosofia.

II

Filosofia para crianças:
o programa de Lipman

A nomenclatura *filosofia para crianças* foi criada por Matthew Lipman (1922-2010) para expressar um horizonte educativo que não parecia contemplado até então. A filosofia havia se esquecido de algo que é uma expressão do humano: o questionar. O questionamento parece ser um impulso para a atividade do pensamento, pois é nele que podemos expressar todos os dilemas e problemas que encontramos no mundo. Sendo a infância um momento para o despertar do gosto pela busca de sentido do mundo, é por ela que devemos iniciar. Questionar nos leva além, faz-nos avançar em direção ao desconhecido. Ou seja, a infância tem incubado o sentido do filosofar, do perguntar, e cabe aos educadores aproveitar essa vontade de sentido. É nesse processo de busca de sentido que o Programa de Filosofia para Crianças de Matthew Lipman se fundamenta. Partir da infância e desenvolver as capacidades de admirar-se e espantar-se com o mundo motiva a busca de alternativas para esse mesmo mundo. Isso leva ao desenvolvimento no indivíduo de capacidades e habilidades que o tornam capaz de fazer a diferença, como pessoa e como cidadão. Desse modo, a própria filosofia se abre para um comprometimento que antes parecia destinar-se apenas aos adultos.

2.1 Matthew Lipman, o fundador

Não podemos continuar a falar em filosofia para crianças ou com elas sem falarmos de seu idealizador, Matthew Lipman. Filósofo norte-americano, pedagogo, lógico e pesquisador em educação, tomou para si a tarefa de mostrar que a filosofia para crianças é possível. Foi o grande mestre de uma equipe de pesquisadores que só cresceu no mundo todo. A revolução escolar iniciada por ele teve início nos anos 1960, com a detecção das dificuldades que os alunos da Universidade da Colúmbia (Estados Unidos) tinham em raciocinar e se posicionar política e criticamente. Assim, as preocupações com a qualidade do raciocínio dos universitários foi levada tão a sério que suas pesquisas foram em direção à solução de suas causas. Lipman voltou-se, então, às pesquisas capazes de formar as mentes mais ordenadas e racionais desde o ensino fundamental.

Foi assim que, em 1974, fundou-se o Institute for the Advancement of Philosophy for Children (IAPC), com a colaboração de Ann Margaret Sharp. O programa foi se desenvolvendo de tal forma que se tornou uma coqueluche nacional e mundial e, nas décadas seguintes, sua expressão cresceu em todo o mundo. Na verdade, Lipman tornou-se referência em reforma educacional, pois, ao criticar o modelo americano dos anos 1960, iniciou um processo de qualificação de professores e da própria visão escolar. É referência também no campo do desenvolvimento do pensamento crítico nos níveis da escola básica, pois sua obra se volta exclusivamente à preparação das mentes na escola fundamental.

Toda a nomenclatura que temos de filosofia para crianças, educação para o pensar ou filosofia com crianças deve ser atribuída a Matthew Lipman e a sua equipe de pesquisadores e desenvolvedores do Programa Educacional de Filosofia para Crianças. Assim, não podemos separar o homem de sua obra. Muitas foram suas realizações e publicações e, na sequência, vamos esclarecer, desde o princípio, o que significa uma educação para o pensar nos moldes propostos pelo programa de Lipman.

2.2 Proposta inicial

Espanta-se quem analisa o sistema educacional tradicional em suas minúcias, pois, mesmo com reformas frequentes, ele continua fracassando na forma como promove a educação, seja no Brasil de hoje, seja nos Estados Unidos dos anos 1960. Esse foi o diagnóstico de Lipman ao se deparar com as dificuldades de seus alunos universitários, realidade que pode igualmente ser compartilhada com educadores brasileiros da atualidade. Nosso sistema educacional não é eficiente, principalmente com aqueles que mais precisam dele: as crianças. Seguramente, os problemas de um sistema educacional têm seu impacto mais cruel nas camadas da população que se encontram em desvantagem econômica e educacional, pois a fragilidade social contribui para o aumento dos prejuízos. Segundo Lipman, a disfunção sistemática na aprendizagem afeta a população infantil de forma diferente, mas é significativa quando pensamos em equidade e acesso a processos reflexivos de ordem superior. Lipman, Sharp e Oscanyan (1997, p. 19-20) afirmam que "Pode-se dizer que o grau de suscetibilidade dos processos educacionais varia muito, assim como varia muito a vulnerabilidade da população em geral no que diz respeito a surtos de gripe ou à tendência ao suicídio". O que eles querem dizer com isso é que algumas pessoas podem não ser muito prejudicadas pela ineficiência do sistema escolar público, pois têm outros meios de contornar a situação de fracasso; porém, em outra interpretação, o fracasso do sistema é muito prejudicial às pessoas que dependem exclusivamente dele, como as desfavorecidas economicamente. São esses indivíduos que, não podendo contar com uma educação eficiente e de qualidade, sofrem as consequências mais perversas do sistema, ou seja, aqueles que são economicamente desfavorecidos desde o ponto inicial de sua escolarização não têm condições econômicas para reparos futuros. A deficiência de aprendizagem e a falta de habilidades fazem, muitas vezes, que fiquem à margem da equidade de chances na vida. É para atender a essas pessoas que Lipman vê uma mudança de paradigma da educação como algo mais urgente.

No Brasil, temos duas possibilidades de educação escolarizada: a pública, que é um direito de todo cidadão, e a privada, que se forma pela democratização do direito à escola e também sobre o fracasso daquela. As duas modalidades mantêm a mesma lógica mecanicista em seus sistemas educativos, pois ambas legislam sobre a quantidade de conhecimento que deve ser adquirido pelos estudantes e não sobre a qualidade da capacidade destes de aprenderem autonomamente. Na verdade, estamos imersos em uma lógica compensatória dos danos causados pela ineficiente educação que nossas escolas professam.

Certamente, todos estão frustrados: alunos, pais, professores, secretarias de educação e o Ministério da Educação. Criticar o sistema já não basta mais, pois são muitas as vozes que o fazem, são muitas as propostas e os experimentos já contabilizados. Alguns apontam caminhos, mas poucos são taxativos em demonstrar a eficiência de sua proposta para todo o sistema educacional, seja público, seja privado. Mesmo que os índices econômicos da população venham a melhorar, não há certeza de que a educação escolarizada terá a mesma eficiência que se espera se não for mudada radicalmente a forma de pensar e agir no ambiente escolar.

O que Lipman propõe para resolver esse quadro? Uma reflexão sobre o processo educacional, partindo da constatação de que estamos com uma massa falida nas mãos. O que fazer, então? Não mais remediar, mas mudar, quase como recomenda Platão em *A República*. Segundo Lipman (1997, p. 21), as abordagens remediadoras "prometem muito, confiam demasiadamente: as paredes da sala são colocadas e tiradas; pais são envolvidos ou não; os professores são mais bem pagos ou mais estimulados; colocam-se professores auxiliares na sala de aula; a lista cada vez se amplia mais". Nesse sentido, não é a forma como colocamos e retiramos preceitos e instrumentos que faz a educação ser eficiente para todos os partícipes, mas sim como fazemos que ela aconteça.

As propostas de Lipman têm por princípio rever a forma compensatória em educação. O autor faz uma analogia com a medicina e afirma que uma medicina compensatória é muito difícil, pois ou se está muito doente ou não se está, ou se precisa de terapia intensiva ou apenas de remédios para a gripe. Com base em tal comparação, podemos ver que a proposta de Lipman vai ao encontro da cura do processo educativo de uma doença quase letal. Se queremos fazer algo para dar equidade a todos no processo educativo, certamente teremos de dar atenção efetiva àqueles que dependem unicamente do sistema educacional para se desenvolverem plenamente. Dizemos isso não apenas em relação alunos da rede pública de ensino, mas também no que se refere aos da rede privada, pois, em muitas escolas particulares, que prometem todo tipo de desenvolvimento educacional aos seus alunos, os procedimentos internos são apenas remediadores da aprendizagem e, nos casos graves, indica-se uma consulta ao médico. Essa prática é cada vez mais utilizada no Brasil do século XXI. Os diagnósticos de fracasso escolar estão sempre associados à cultura ou ao poder econômico da família, aos supostos problemas de aprendizagem ou de saúde psicológica dos alunos, à baixa qualificação dos professores ou à má gestão de recursos. Em nenhum dos diagnósticos fatais se decide que o sistema todo seja levado à sala de cirurgia, para que sejam extirpados todos os tumores de uma só vez. Nosso sistema fracassado convive com todos esses percalços e insiste em apenas remediar a situação para não entrar em colapso.

Na verdade, temos de pensar que a educação deve ser reformulada de tal modo que as condições socioeconômicas não sejam determinantes do futuro das pessoas e a educação não reforce isso como sua marca central. É necessário que se promova, diante das diversidades e diferenças culturais, uma oportunidade para o sistema educacional provar sua eficiência e sua qualidade, que não se use esse problema como desculpa para o colapso da educação. Um bom sistema educacional deve ser significante para aqueles que participam dele e propiciar a descoberta de todas as opções dos envolvidos. Não deve ser intimidador ou desconstrutor de sonhos, curiosidades e expectativas;

ao contrário, deve promover a criatividade e a esperança de estarmos no lugar certo, evitando que se conclua: "Quando ingressei no sistema educacional, eu estava cheio de curiosidade, era imaginativo e criativo. Graças ao sistema, eu deixei tudo isso para trás" (Lipman; Sharp; Oscanyan, 1997, p. 21-22). É nesse sentido que a proposta de Lipman é, de certa forma, democrática e universalista, pois interessa levar a eficiência educacional a todos os cidadãos, tanto para aqueles que têm condições econômicas para desenvolver suas potencialidades apesar da escola quanto para aqueles que têm apenas a escola para desenvolver suas potencialidades.

Inspirado nesses preceitos de transformação do sistema educacional dos Estados Unidos, Lipman desenvolveu a teoria da filosofia para crianças, com base nos escritos de Jonh Dewey (1859-1952) e em sua postura diante da própria filosofia. "Sem dúvida, foi Dewey quem previu, nos tempos modernos, que a filosofia tinha que ser redefinida como cultivo do pensamento ao invés de transmissão de conhecimento" (Lipman, 1990, p. 20). E foi nesse sentido que Lipman buscou desenvolver seu Programa de Filosofia para Crianças no IAPC, que depois tomou o mundo como uma grande possibilidade para a educação. Sua proposição vai ao encontro de uma necessidade de desenvolver habilidades de raciocínio com base em discussões disciplinadas. Estas se destinam ao desenvolvimento não apenas do raciocínio de forma geral, mas também de habilidades específicas para possibilitar uma melhor compreensão do mundo. Porém, Lipman alerta que essa proposta não poderá converter-se em um programa de doutrinação dos estudantes, pois tem o propósito de ajudá-los a refletir efetivamente sobre valores que frequentemente são impostos a eles.

O que o fundador da filosofia para crianças aponta é que o fracasso da escola em produzir pessoas que estejam próximas do ideal de racionalidade leva à constante busca por alternativas educacionais. Nesse sentido, a proposta de Lipman é muito clara: desenvolver as habilidades de raciocínio das crianças. Isso significa que, sempre que investigamos, necessariamente fazemos distinções e conexões, ou seja, "empregamos uma variedade cognitiva", o que quer dizer que usamos habilidades diferentes para compreendermos ou para descrevermos algo – podem ser habilidades elementares ou complexas, porém, ao usá-las, podemos coordená-las de forma hábil ou não. "Para propósitos educacionais, consideramos as habilidades genéricas como sendo as habilidades de raciocínio, de investigação, de formação de conceitos e de interpretação" (Lipman, 1990, p. 48).

Foi com foco no desenvolvimento do raciocínio, preocupação que deu origem à filosofia para crianças, que Lipman criou seu método, pois sua tese enfatizava que, se melhor pensamos, melhor agimos. Assim, desenvolver o raciocínio por intermédio da lógica parece ser uma das formas apropriadas de habilitar as crianças, uma vez que o uso da lógica está relacionado à aquisição da linguagem para preparar outras conexões dos saberes. Desse modo, o raciocínio é tomado como um pensamento que movimenta o sujeito progressivamente para a frente, sendo que, nos momentos de concentração e organização, automaticamente estamos propensos à formação de conceitos. "Os raciocínios conhecidos como inferências podem ser contrastados de interpretação, no sentido de que inferências válidas preservam a verdade sem consideração do significado, enquanto interpretações exatas preservam o significado sem consideração da verdade" (Lipman, 1990, p. 48).

O que Lipman afirma é que seu propósito vai muito além da simples sugestão de introduzir mais uma disciplina no currículo escolar, a saber, a filosofia para crianças; o que ele propõe é habilitar as crianças na arte do bem pensar. É certo que interpretação e inferência são habilidades necessárias para a compreensão de qualquer leitura, filosófica ou literária. Devemos ter presente que, ao inferirmos algo sobre alguma coisa ou algum objeto, essa habilidade também implica a interpretação do significado daquilo, mas isso não significa, em absoluto, que essa mesma habilidade possa ser utilizada em todas as operações mentais que fazemos. Lipman busca desenvolver um método que promova essas habilidades mentais tão necessárias para a interpretação do mundo. Dessa forma, quando se fala em resolver problemas, isso não significa apenas que a criança deve solucionar algo pontualmente, mas também que ela deve ter as habilidades necessárias para resolver o problema a partir da origem. Isso mostra que o problema matemático deverá ser resolvido matematicamente, o problema de biologia deverá ser resolvido biologicamente, o problema de história deverá ser resolvido historicamente. Sob esse ponto de vista, temos de entender que Lipman exige que as habilidades de raciocínio sejam desenvolvidas antes mesmo que sejam necessárias para seu domínio.

Poderíamos afirmar que todas as disciplinas preveem que é preciso ser capaz de pensar em sua própria linguagem e a partir dela mesma. Por que, então, precisaríamos de outra disciplina para fazer esse mesmo trabalho? Na verdade, apostar na filosofia implica abrir-se para a busca de soluções de problemas, compreendendo que as questões são pontos de partida para um bem pensar. Ela apresenta uma abertura para possibilidades de resultados coincidentes e não coincidentes, ou seja, não é dogmática quando se propõe a buscar significados. Porém, Lipman aposta muito na lógica, que faz parte da filosofia, como principal formadora do bem pensar. Para esclarecer esse ponto, podemos voltar a um dos primeiros estudos sobre lógica, o *Organon*, de Aristóteles (1991). Nesse tratado há um cuidado extremo em estabelecer os primeiros parâmetros para buscarmos esclarecimentos por meio da linguagem e sua observação de que existem categorias e formas de apreensão que são cruciais para compreendermos a realidade. Como exemplo, podemos citar a forma como Aristóteles observa as categorias predicativas: podem ser homônimos, sinônimos ou parônimos, que podem simplesmente estar sozinhos ou combinados. Coisas com o mesmo nome, mas distintas, poderão comprometer a compreensão sobre algo; da mesma maneira, os sinônimos, que são correspondentes e têm a mesma significação, podem ser atribuídos a objetos diferentes. Na língua portuguesa, temos uma infinidade de problemas de compreensão relacionados aos homônimos que só são dirimidos na compreensão do conceito e do uso envolvidos.

Tais problemas podem ser o foco da filosofia para crianças, pois por meio da descoberta da linguagem e de suas possibilidades é que a criança estará habilitada racionalmente para expressar com mais precisão o que está pensando. Assim, a aquisição lógica é também uma aquisição linguística de segunda ordem, ou seja, parte-se de um uso linguístico limitado e, aos poucos, adquire-se um uso mais elaborado da linguagem. Isso é fundamental na proposição da filosofia para crianças, pois desenvolver as formas de raciocínio válidas e evitar as formas não válidas consolida as noções de adequado e de não adequado no grupo em que se vive. "Não são recomendações para raciocinar corretamente, mas proibições que impeçam raciocínios incorretos" (Lipman, 1997, p. 84).

Na verdade, a direção de uma educação filosófica, que preza pela segurança do desenvolvimento lógico da criança, também está em busca da coerência interna do discurso ou da proposição do discurso infantil. Por isso, é com base na lógica que buscamos ajudar a criança a fazer as conexões e as distinções necessárias para poder expressar exatamente o que deseja e o que pensa.

Um segundo ponto importante do programa de Lipman é a educação de valores, que se propõe a aprimorar a capacidade da criança de pensar ética e civicamente. É certo que Lipman, quando estabeleceu seu programa de educação filosófica, também pensou na energia que os jovens dos anos 1960 perderam nas expressões extremas de insatisfação com o mundo que os cercava (política ou culturalmente), procedendo de forma violenta, sem nada obter além da repressão. Com isso, sua proposta também vai ao encontro da discussão de certos valores éticos que compõem a sociabilidade e a vivência cordial entre o grupo. Por isso, desenvolver habilidades capazes de absorver a cultura cívica faz parte desse programa. "Uma pessoa que tem o caráter de 'bom cidadão' é aquela que internaliza – isto é, adota como seus – os mecanismos sociais de racionalidade na prática institucional" (Lipman, 1990, p. 67).

Essa é a direção do estabelecimento de discussões que abordem a ética e a civilidade na proposta de Lipman, pois seria impossível ligar a educação de valores a uma ideologia em particular; deve-se aprimorar as dimensões de uma educação imparcial e que dê conta das crenças, justificadas ou não, de todo o conjunto de cidadãos. Entretanto, temos de cuidar para que esses valores não se tornem totalmente relativos quando estabelecidos no campo do discurso, pois, assim procedendo, estaríamos novamente estabelecendo uma disputa apenas retórica. O cuidado para a não doutrinação vem exatamente na medida do cuidado para não se estabelecer um relativismo insensato. É preciso conquistar um marco mínimo nos grupos heterogêneos.

Com a proposta de educação filosófica, ou educação para o pensar, o Programa de Filosofia para Crianças de Lipman se desenvolve tendo como pano de fundo as habilidades de raciocínio e os valores sociais válidos como objetivo. Para esclarecermos melhor em que consiste esse projeto, passaremos a discutir sobre as habilidades, já prevendo uma metodologia para essa prática.

2.3 Material didático e currículo: uma transposição necessária

O programa proposto por Lipman está estruturado com base em suas novelas filosóficas, histórias que abordam problemas ou situações que podem despertar o gosto pela discussão. Para se pensar em educação filosófica para crianças, deve-se pensar, necessariamente, em transposição de conteúdos, e isso implica considerar que o currículo está intrinsecamente vinculado ao material didático e à metodologia aplicados.

Pensar o currículo escolar tem se mostrado uma tarefa frequente dos professores e dos secretários de educação, pois, a cada nova geração, parece que novas demandas se apresentam e devem estar contempladas no currículo. Mas por que estamos frequentemente modificando os currículos, achando que estamos a aprimorá-los sem necessariamente modificarmos nosso modo de pensar a educação?

Se queremos promover uma educação mais filosófica, por que continuamos a incluir novos conteúdos no currículo, como se nosso aluno fosse um *hard disk*? Questões como essas nos fazem refletir sobre a forma como encaramos a articulação dos conteúdos no currículo que propomos a nossos alunos. Temos sempre presente que devemos dar mais opções quantitativas em vez de nos contentarmos com uma quantidade razoável de conteúdos, mas que façam a diferença no desenvolvimento das habilidades da criança. Na verdade, o sistema educacional, os professores e as secretarias de educação são inseguros sobre o quanto devem proporcionar de informações aos alunos. Além disso, ainda não conseguiram compreender que, por meio de uma educação filosófica, resolveriam todos os problemas (ou a maior parte deles), já que informações as crianças podem obter durante sua formação e durante toda a vida, mas significados e habilidades devem ser desenvolvidos no decorrer da formação básica.

Se não objetivamos apenas dar coisas para as crianças em termos de conteúdo, temos de, imediatamente, pensar que seu afã por conhecer e saber cada vez mais depende de nossa habilidade em despertar suas habilidades. É nesse sentido que a proposição de Lipman faz jus a uma série de argumentos e propostas que devem fazer parte do processo educativo. São proposições que já estão, de certa forma, contempladas no sistema educacional, mas ainda não se encontram organizadas nem mantêm uma clareza de objetivos. É como se, para atingir o centro do alvo, lançássemos milhares de flechas na esperança de que alguma delas o atingisse.

O argumento inicial de Lipman está na maneira como as crianças se colocam em sala de aula: todas estão em suas carteiras, em fila, de frente para a mesa do professor e para o quadro ou a lousa eletrônica, dependendo da tecnologia empregada na escola. Com isso, percebe-se que elas estão desconectadas da própria vida, estão ali para receber alguma coisa. Muitas vezes, essa coisa não faz sentido, pois não tem relação com elas. Os professores chamam essa coisa de *conhecimento*, *saber* ou outro nome similar, mas a criança está ali, apática e cumprindo um ritual que foi de seus pais, seus avós e bisavós. É o *savoir faire* de toda uma geração sobre a outra que culmina nos conteúdos expostos à criança. A apatia, muitas vezes, não está em trabalhar com os problemas dos outros, mas sim naquilo que a pouca escola lhe proporciona. Trabalhar sobre essa perspectiva é que trará luz aos dilemas de professores e de articuladores educacionais.

Lipman aponta que é o objetivo que a escola impõe ao aluno que o torna apático. Uma criança, naturalmente, não se preocupa com a profissão que adotará para sua vida, pois, na infância, pode sonhar em ser qualquer coisa, até um super-herói. O que a escola lhe inculca em meio ao conteúdo é seu objetivo premente: a escola existe para cuidar das crianças e prepará-las para o mercado de trabalho. Esse é o desastre de qualquer proposta educativa, pois, por mais interessante que seja seu projeto político-pedagógico, a maioria das escolas se comporta apenas como provedora de um lugar seguro para os filhos de trabalhadores.

É essa lógica perversa que Lipman busca combater, pois ele propõe a atenção ao olhar da criança para buscar sentido, estabelecer conteúdos e material didático, para formar uma escola que faça sentido para toda a comunidade escolar. "A educação está onde surge o significado, que pode acontecer na escola, em casa, na igreja, no lazer ou em qualquer situação da vida da criança" (Lipman, 1997, p. 32). O ambiente escolar pode, ou não, proporcionar educação; mas, mesmo sendo essa a sua meta, nem sempre o objetivo é alcançado. Se as escolas não ajudam as crianças a encontrar significados, não estão educando, estão apenas transmitindo informações. Ora, as informações podem ser encontradas em muitos lugares, ainda mais hoje em dia, considerando-se que as crianças têm acesso fácil a uma quantidade infinita de informações. Se estas podem ser transmitidas, isso não ocorre com os significados, que devem ser adquiridos, descobertos pelo próprio sujeito.

Assim, uma escola que se propõe a educar uma criança precisa estabelecer condições para que ela consiga, em meio à vivência escolar, adquirir a habilidade de captar significados do mundo que a cerca. Para isso, a escola deve modificar-se, tomando o protagonismo de uma educação filosófica, que possibilite o desenvolvimento das habilidades necessárias para que a criança possa captar os significados e descobrir os conceitos que envolvem sua vida.

É na habilidade de pensar que Lipman aposta suas fichas. Desenvolvê-la proporcionará uma infinidade de possibilidades para a criança. Assim, sucintamente, podemos elencar as quatro habilidades que o programa de Lipman se propõe a desenvolver:

> a) **Habilidades de raciocínio**: possibilitam o estabelecimento de conclusões ou inferências a partir de conhecimentos anteriormente adquiridos, para assegurar a coerência interna do discurso. Envolvem capacidades, tais como: "inferir", "detectar premissas ou pressuposições subjacentes", "formular questões, exemplificar", "identificar similaridades e diferenças", "construir e criticar analogias", "comparar", "contrastar e argumentar ou dar razões".
>
> b) **Habilidades de formação de conceitos**: permitem a análise de conceitos, identificando seus componentes, suas relações com conceitos semelhantes e diferentes para conferir-lhes sentido e torná-los instrumentos

para a identificação e compreensão das coisas, dos fatos e das situações. Por exemplo: "fazer distinções", "fazer conexões", "argumentar, classificar", "explicar", "definir", "identificar significados", entre outras capacidades.

c) **Habilidades de investigação**: relacionadas aos procedimentos científicos e à ideia de busca do caminho (e não da resposta pronta) para se chegar às soluções dos problemas postos pela realidade. Incluem: "observar", "identificar problemas/questões", "formular questões", "formular hipóteses", "estimar, prever", "verificar, medir, constatar", "descrever, analisar", "generalizar adequadamente", "concluir", "sintetizar" e "ser capaz de comportamento autocorretivo".

d) **Habilidades de tradução**: permitem a compreensão de discursos (falados ou escritos) de modo que o sujeito desta compreensão possa reproduzir em sua própria linguagem o que ouviu ou leu, preservando o significado original. Englobam: "prestar atenção", "interpretar criticamente", "perceber implicações e suposições", "parafrasear" e "inferir". (Silveira, 2003, p. 7-8, grifo do original)

Podemos perceber claramente que a busca pelo desenvolvimento lógico da criança é o ponto forte desse programa, pois todas as habilidades relacionadas se referem à conquista de um pensamento lógico formal. Essa perspectiva admite que encaremos o raciocínio como uma habilidade básica que deve ser desenvolvida com estratégias educativas, sempre baseadas no desenvolvimento lógico da criança. O processo de pensar leva em conta uma série de atividades intelectuais que atuam em seu processo, e Lipman acentua a necessidade de começar pelo básico, ou seja, a linguagem e a matemática, que, segundo ele, são "expressões do processo cognitivo" por excelência. Ademais, tendo segurança nessas áreas, as "habilidades cognitivas subjacentes" a elas irão capacitar todas as demais habilidades do pensar (Lipman, 1997, p. 36). Focar essas áreas básicas desenvolve a capacidade de expressar-se e de fazer conexões – essa parece ser a máxima do bem pensar. Sendo a metodologia o ponto forte desse programa, Lipman alerta que ela não é exclusiva da filosofia e que pode ser adotada pelas demais disciplinas do currículo escolar, pois, se o objetivo é desenvolver a reflexão por meio do debate, podemos adotá-la como forma de proceder na educação como um todo. Lipman admite que é preciso introduzir um material didático apropriado para se trabalhar com filosofia para crianças, as novelas filosóficas, que foram escritas por Lipman e seus colaboradores para serem a base textual das reflexões filosóficas em sala de aula. São elas: *Rebeca*, destinada à educação infantil; *Issao e Guga*, proposto aos anos iniciais (1º, 2º. e 3º.); *Pimpa*, destinada ao 4º., 5º. e 6º. anos; *A descoberta de Ari dos Telles*, para o 6º. e 7º. anos; e *Luísa*, proposto para o 8º. e 9º. anos[1]. Por meio delas, estabelece-se uma comunidade de investigação, a qual objetiva determinar o comportamento adequado para o trabalho filosófico em sala de aula, pois pressupõe uma aceitação dos termos em que se desenvolve.

A seguir, veremos como a metodologia de ensino está, de fato, intrinsecamente ligada ao material didático, bem como a preparação dos professores para esse trabalho reflexivo.

2.4 Metodologia

Enquanto o paradigma educacional foi lentamente se modificando no século XX, na direção de adotar a meta educativa de pensar melhor em vez de inculcar conhecimento historicamente constituído,

---

1 Todas as obras literárias de Lipman foram traduzidas para o português pela editora Difusão de Educação e Cultura, na década de 1990, bem como traduzidas para mais de 80 países que adotaram seu método de ensino. Existem outros títulos que não estão relacionados aqui, mas podem ser encontrados na literatura voltada à formação filosófica das crianças.

a necessidade de desenvolvimento da racionalidade entrou em cena. Assim, foi com John Dewey (1859-1952) que a busca de racionalidade na educação se intensificou e saber pensar melhor se vinculou a uma educação de qualidade. Por meio desse novo paradigma, muitas relações tiveram de ser reconduzidas. Assim, as relações entre professor e aluno não deveriam mais caracterizar-se pela simples transmissão de informações e conhecimentos, mas pela aquisição de racionalidade. O professor entrou na lógica educativa do ensinar a aprender, para liberar o processo de pensamento no aluno. A meta educativa estava, então, pautada em produzir um sujeito que pudesse pensar por si mesmo, talvez nos moldes da autonomia kantiana (*Aufklarung*). Mas como fazer isso? Deveríamos desenvolver uma metodologia que fosse apropriada para o desenvolvimento da racionalidade e aprimorar as habilidades que esta exigiria.

Incentivar crianças a filosofar não é tarefa fácil, é preciso muito empenho por parte de professores, pais, avós, familiares e demais pessoas próximas às crianças. Para desenvolver uma metodologia de trabalho em educação filosófica, é preciso partir de certa concepção de educação. O problema apontado é que não é possível conceber a mente da criança como uma tábula rasa, vazia e passiva, que deverá ser preenchida com conteúdos e informações. É preciso conceber que, na construção de um ser "educado", imperam outros elementos mais importantes que a absorção de informações. A criança busca manter--se envolvida "ativamente em uma exploração, [...] o conhecimento não é algo que simplesmente se aprende automaticamente, mas sim algo que se domina através da interação com o ambiente e solucionando problemas que são importantes para as crianças" (Lipman, 1997, p. 119).

Nesse sentido, vemos claramente a perspectiva empirista em que Lipman se encontra, a qual, aliada ao utilitarismo e ao pragmatismo de Dewey, compreende a educação como um processo no qual o educando não está totalmente vazio de conteúdo e, ao chegar à escola, já tem certa perspectiva de vida. Trabalhar com esses conteúdos por meio das novelas filosóficas é o grande método proposto. O livro-texto é o veículo de base para o desenvolvimento desse programa, que aposta no diálogo combinado à reflexão para estabelecer os fundamentos da metodologia utilizada.

Contudo, para que o desenvolvimento das discussões se configure como trabalho filosófico, é preciso que o professor seja ativo na discussão. Essa atividade não pode configurar-se como em adestramento linguístico, muito menos ideológico ou religioso. As crianças precisam de segurança e de liberdade para quererem participar das aulas de filosofia. O professor deve ser aquele em quem se pode confiar intelectual e emocionalmente, pois a abertura para as discussões que preocupam as crianças só pode estabelecer-se dentro de um círculo de confiança. É o professor que vai, em sala de aula, organizar e instaurar o ambiente apropriado para aumentar as possibilidades de as crianças se interessarem e conseguirem manifestar esse despertar da consciência filosófica.

Para isso, Lipman propõe um método simples para a sala de aula: dispostas em círculo, as crianças alternam-se na leitura em voz alta do episódio da novela filosófica que estiver sendo trabalhado pelo grupo; em seguida, o professor solicita que apontem os assuntos que gostariam de discutir e anota-os no quadro de giz ou na lousa, bem à vista de todos e indicando, em cada um, o nome da criança que o sugeriu; depois, selecionam-se os temas que todos consideram mais importantes. Usando sempre o critério do interesse das crianças, o professor estabelece o início da discussão, quando todos são estimulados a falar, com liberdade, o que pensam sobre os assuntos, assim como a respeito da opinião dos outros. O professor é participante dessa comunidade, porém, seu papel é o de orientar e coordenar a discussão, cuidando sempre para que os alunos argumentem da melhor forma possível em favor das posições que assumem. Assim, quando há discordância entre as crianças, ou entre os argumentos que uma mesma criança expõe, é papel do professor solicitar que sejam dadas razões para a posição apresentada, estimulando a argumentação por meio de contraexemplos. O desenvolvimento da reflexão deve ser estimulante para elas, pois é assim que o objetivo de melhorar a forma de pensar e, consequentemente, de agir da criança se efetivará.

Podemos perceber que é o professor quem deve seguir e manter a adequação das discussões, pois ele é quem detém a macroleitura do ambiente. Manter o compromisso com a investigação filosófica não é fácil, principalmente pela linguagem simples que é empregada nessas comunidades, mas o professor é quem dá condições para que as crianças se expressem, de forma clara e objetiva, quanto a seus desejos, pensamentos e concepções. Isso implica ter a capacidade de perceber o ambiente, ligar-se ao que as crianças expressam e conhecer os caminhos filosóficos possíveis para solução do problema ou dilema explorado.

Assim, o programa de Lipman também está atrelado à formação de professores que sejam capazes de aplicar esse método. É esse tema que abordaremos na sequência.

2.5 A formação de professores

Para que um programa de filosofia para crianças se desenvolva de forma adequada na escola, é preciso investir na formação de professores nos mesmos moldes apresentados aos alunos, ou seja, eles devem experimentar a metodologia, saber utilizar o material didático e estabelecer o círculo de confiança nas comunidades de investigação. Como fazer isso? O programa proposto por Lipman é completo, pois estabelece um processo de formação de professores, bem como um material que fornece o apoio necessário para o professor em sala de aula.

Se todo o material didático desse programa vem como um livro do professor, é porque os aplicadores não têm formação em filosofia e necessitam, de certa forma, que o material indique quais questões filosóficas devem ser trabalhadas em cada um dos episódios das novelas. Certamente, podemos compreender que o programa proposto por Lipman não dá abertura para que o professor aplicador do método seja autônomo, muito mais em virtude de sua formação tradicional, centrada em transmissão de conhecimentos, do que pela capacidade de utilização do material.

Na verdade, Lipman, quando imagina a adoção de seu método em larga escala, para uma rede escolar, por exemplo, está ciente de que não há tantos professores habilitados em filosofia para crianças para dar conta da formação das comunidades de investigação em cada uma das salas de aula do país. Quando o material é preparado, já vem com todas as questões que o autor acha pertinente desenvolver, bem como todas as habilidades cognitivas específicas desejadas na abordagem; porém, se um professor não for treinado para observar essas questões, irá ignorá-las e as crianças perderão a oportunidade de discutir algo que possa lhes estimular a reflexão.

Os professores também não estão preparados para desenvolver sozinhos as atividades didáticas referentes às novelas; por isso, os manuais do professor são providenciais. Como observa Silveira (2003, p. 14), "Assim como as crianças e os alunos de faculdade 'precisam de textos primários', esses professores 'precisam imensamente de orientação profissional' de especialistas que lhes forneçam 'exercícios preparados e planos para a discussão' para que não se percam no desenvolvimento do trabalho". Essa afirmação vai ao encontro da questão da formação dos professores que aplicam o método. Lipman prevê uma formação sistemática, para que eles possam desenvolver-se também dentro da metodologia filosófica.

A preocupação de Lipman com a formação desses profissionais tem origem na observação de que, conforme os professores utilizam a maiêutica socrática em suas práticas, popularizando uma abordagem educacional mais aberta e dialógica, corre-se o risco de tornar as discussões banais e vazias de conteúdo, reforçando as posições do senso comum como as mais corretas, por serem a maioria. Aulas dialógicas necessitam de planejamento, objetivos claros e racionalização. Assim, é preciso desenvolver materiais instrucionais aos professores, que já sabemos não terem formação específica em filosofia, pois são os professores alfabetizadores que propõem a primeira experiência filosófica às crianças.

Segundo Lipman (1990, p. 208), somente filósofos habilitados e experientes deveriam ser monitores de professores, e mesmo eles necessitam de preparo. Essa preparação envolve um seminário próprio de dez dias, no qual os participantes trabalham com o currículo do mesmo modo dialógico que professores e crianças trabalharão, além de passarem por um período de trabalho desenvolvido diretamente com as crianças.

A preocupação do autor com a formação está ligada à construção do próprio método de filosofia para crianças, pois se caracteriza por uma estrutura piramidal, na qual temos as crianças, que são instruídas pelos professores de classe (não filósofos); os professores de classe e aplicadores do método, que são instruídos por especialistas na disciplina e fazem o papel de monitores de todo o trabalho na escola; e os monitores, que, por sua vez, são treinados no método por coordenadores e especialistas em filosofia e em metodologia de filosofia para crianças. Essa formação em cadeia requer constantes reciclagens, pois não é possível compreender, de uma só vez, todo o programa.

Silveira (2003) tece críticas à concepção de Lipman de trabalho laboral com filosofia, pois admite que é preciso treinar e não apenas formar os professores em filosofia, reduzindo o papel do professor à organização e à orientação das discussões na comunidade de investigação. Na verdade, seu papel é desenvolver bem a metodologia do programa, por meio da aplicação sistemática dos materiais e das atividades a ele correspondentes; assim, não é necessária uma formação em filosofia, mas treinamentos na metodologia de aplicação. Silveira (2003, p. 23) assinala que "Lipman discorda dos cursos convencionais de formação de professores por entender que empregam métodos muito diferentes dos que se espera que estes adotem posteriormente com seus alunos". Certamente, podemos admitir que Silveira tem razão ao expor o problema de Lipman, pois os cursos de formação de professores, não apenas em sua época, nos anos 1960 e 1970, nos Estados Unidos, mas também, nos dias de hoje, no Brasil, ainda empregam métodos tradicionais de formação, esperando que os recém-licenciados transformem suas salas de aula em comunidades ativas na investigação do conhecimento. Certamente não o farão, pois acabam por estabelecer sempre a mesma forma de trabalho com o conhecimento: transmissão.

Um dos problemas já denunciados acerca do programa de Lipman é o deslocamento da formação dos professores, transformando-os em "trabalhadores alienados" de todo o processo do qual participam, subestimando sua "capacidade intelectual, reflexiva, crítica e criativa e dispensados de pensar com autonomia" (Silveira, 2003, p. 15). Para que isso não ocorra, é preciso investir na formação específica dos professores que trabalharão com as comunidades de investigação, mas essa formação também está muito aquém, numericamente, para dar conta de toda a formação necessária.

Efetivamente, o processo de formação no programa de Lipman envolve várias etapas, que podem ser encontradas no Brasil no Centro Brasileiro de Filosofia para Crianças, que adota a metodologia programática de Lipman com a oferta de dois cursos básicos. Na verdade, como observa Silveira (2003), existe a oferta de curso para professores não formados em Filosofia, que são os que trabalham efetivamente com as crianças, e que "tem duração de quarenta horas e é composto de uma parte teórica e outra prática". Ao finalizar o curso, o professor passa a ser supervisionado por um monitor, a fim de assegurar que os procedimentos em classe estejam corretos – o professor poderá solicitar a presença desse monitor "quando julgar necessário". Já o "curso de formação de monitores, dirigido a professores graduados em filosofia, realiza-se em três etapas: após receberem um treinamento de 40 horas, os professores aplicam o programa durante um ano em uma sala de aula, com supervisão de professores do Centro" (Silveira, 2003, p. 26-27). Há, ainda, outro curso de 40 horas com fins de aprofundamento de estudos. Nesse caso, o objetivo é formar monitores capazes de supervisionar o programa e mantê-lo em suas diretrizes.

Essa forma de proceder chegou ao Brasil nos anos 1980, por meio do Centro Brasileiro de Filosofia para Crianças, sediado na cidade de São Paulo e sob a direção de Catherine Young Silva, que fez mestrado nos Estados Unidos em filosofia para crianças. Essa parece ter sido a primeira experiência de filosofia com crianças no Brasil. Assim se passaram quase 30 anos de uma prática que, cada vez mais, envolve as escolas, os professores e os pais, mas que ainda tem na formação de professores seu principal problema, bem como a condução, de forma interessante, das comunidades de investigação.

2.6 Comunidade de investigação

> A filosofia é uma disciplina que leva em conta formas alternativas de agir, criar e falar. Para descobrir estas alternativas, os filósofos persistentemente avaliam e examinam suas próprias pressuposições, questionam o que outras pessoas normalmente têm como certo e especulam imaginativamente sobre quadros de referência cada vez mais amplos. Essas atividades de que os filósofos participam são o resultado da sua preparação filosófica. (Lipman, 1997, p. 143)

Como podemos compreender a comunidade de investigação por meio do prisma da educação filosófica? É simples: é uma comunidade que se estimula mutuamente a usar a imaginação e a criatividade ao mesmo tempo que testa suas posições, seus modos de pensar, suas crenças e os princípios nos quais suas ideias estão baseadas.

Uma comunidade de investigação na sala de aula é um grupo de crianças que investigam juntas sobre questões problemáticas comuns de uma maneira tal que as faz construir ideias a partir das ideias umas das outras, oferecer contraexemplos umas às outras, questionar as inferências umas das outras e encorajar umas às outras a gerar visões alternativas e soluções para o problema tratado, além de seguir com a investigação para onde quer que ela leve. (Sharp, 2004, p. 122)

As metas de uma comunidade de investigação na sala de aula devem estar claras para todas as crianças, ou seja, naquele momento, elas devem estar dispostas a contribuir com a comunidade de forma efetiva. Mas como isso pode acontecer? Primeiramente, as crianças devem ser dispostas em círculo, como mencionado anteriormente, e elas vão alternando, em voz alta, a leitura da novela filosófica. O avanço é sempre episódico, pois já estão calculados o tempo de aula e a capacidade de entrega das crianças, ou seja, não se pode ler muitos parágrafos com crianças pequenas, mas é possível acrescer o tempo de leitura conforme as classes avançam. Em seguida, o professor indica ou pergunta quais são os pontos mais interessantes do episódio e quais são os problemas, segundo as crianças, a serem discutidos. Depois que cada criança fala, o professor anota o ponto de vista apresentado e o nome da criança; por fim, todos escolhem os pontos mais interessantes para a discussão. Se o professor for habilidoso, poderá incluir vários pontos à medida que a discussão avançar, pois cabe a ele orquestrar essa dinâmica (Silveira, 2003, p. 15-16).

Todos os participantes da comunidade de investigação são estimulados a dar contribuições, sendo o professor o principal incentivador e coordenador da discussão. Cabe ao professor cuidar para que as crianças desenvolvam boas formas argumentativas, buscando cada vez mais aprimorar-se no uso da lógica para desenvolver sua forma narrativa. É aqui que o professor tem papel fundamental, pois cabe a ele estimular e incentivar o uso da lógica e do princípio de causalidade, bem como demonstrar a necessidade de que as premissas estejam em concordância com a conclusão. Esse processo é extremamente difícil para crianças pequenas, pois elas têm poucas referências para incluir em suas discussões, ou seja, poucas desenvolvem uma conversa criteriosa com os pais, em que podem argumentar e ouvir efetivamente. Então, é preciso aprender na escola, na comunidade de investigação, em meio a outras crianças que também querem falar.

O processo parece confuso no início, pois as crianças têm muita ansiedade para expor suas posições; elas são volúveis, a princípio. Se não falam na hora em que a questão ocorre, parecem esquecer-se do que queriam falar. Esse aprendizado, com o tempo, é muito importante, pois poderá ser um diferencial na vida adulta, já que praticar a memorização da argumentação, a cadência e a paciência para ouvir os outros contribui para um melhor desenvolvimento da argumentação lógica.

Sharp (2004, p. 122-123) indica que o tempo de prática na comunidade de investigação colabora para que as crianças desenvolvam significados cooperativamente, comprometendo-se mutuamente para uma reconstrução em andamento e autoconsciente da própria visão de mundo. São esses elementos que interessam a Lipman, mas seu objetivo é, acima de tudo, desenvolver nas crianças a capacidade de pensar logicamente. Por isso, a metodologia desenvolvida na comunidade de investigação é própria da natureza da filosofia: buscar, por meio do diálogo estruturado, recursos argumentativos para sustentar uma ou outra posição diante do mundo. Para Lipman (1997, p. 144), o professor é um árbitro do processo de discussão, mas também um facilitador, que deve estimular constantemente as crianças a falar e raciocinar com critérios.

Não há conteúdo a ser coberto. Essa preocupação deve estar aquém do processo, pois ela poderá comprometer a qualidade das discussões. O professor deve ter a habilidade de conduzir o caminho e não correr para chegar ao fim de algum episódio ou construção intelectual. Temos de ter em mente que a comunidade de investigação está a cargo de desenvolver a capacidade das crianças de falarem com ordem e lógica; por isso, não há como, no material didático, delimitar esses avanços. Essas metas típicas de coordenações pedagógicas nas escolas devem ficar fora do foco, pois não é possível prever para onde as discussões poderão levar; mas, é claro, o professor deve manter o objetivo da exigência de estruturas racionais interessantes. Assim, "a quantidade de informação ou conhecimento que as crianças adquirem é menos essencial para a educação filosófica que o desenvolvimento de seu juízo intelectual. É menos importante que as crianças se lembrem de certos fatos do que aprendam a pensar efetivamente" (Lipman, 1997, p. 144).

Temos de ter ciência de que o principal no programa de Lipman é o processo pelo qual a criança passa quando está na comunidade de investigação, pois aprende a pensar com critérios lógicos, a falar corretamente e a ouvir os outros. Cada criança desenvolverá suas capacidades por intermédio de um processo individual, mas sempre em contraposição com o grupo. Algumas serão mais falantes e pouco ouvintes, outras serão mais ouvintes e pouco falantes. Tais processos são normais na comunidade, pois algumas crianças podem desenvolver suas capacidades e habilidades mentais com base no que ouvem e outras, no que falam. Algumas crianças só conseguem raciocinar já falando, outras precisam estruturar seu pensamento antes de expô-lo; esse é um processo no qual cada um se coloca diante dos outros de forma própria. O professor terá de ser um questionador ou provocador talentoso, para, ao mesmo tempo, manter a discussão dentro de certas linhas convergentes (decididas de antemão ao final do episódio), e não ser um cerceador de conteúdos se, por acaso, eles se afastarem muito do que foi proposto originalmente. Cabe a ele agregar posições e aproximar os assuntos, demonstrando às crianças as possíveis conexões entre esses assuntos e as divergências, quando elas aparecerem. Como aponta Lipman (1997, p. 146), "[a] discussão reflexiva não é um empreendimento fácil. Requer o desenvolvimento dos hábitos de ouvir e refletir". É preciso considerar que as pessoas que estão dispostas a uma discussão estão também dispostas a "organizar seus pensamentos de modo que não divaguem sem um ponto concreto"; crianças têm a tendência de falar todas juntas, buscam atenção imediata do adulto e dos outros participantes, por isso elas mesmas "demoram a aprender os procedimentos de uma boa discussão" .

O importante na discussão da comunidade de investigação é manter a situação de discussão pelo máximo de tempo possível. No início e com crianças pequenas, isso não passa de dez minutos, mas com muito custo, conforme essa atividade se torna corriqueira, o tempo de discussão aumenta e o interesse em desenvolver as capacidades também. Inicialmente, é preciso ensinar (efetivamente demonstrar como se faz) as normas da comunidade para, depois, poder desenvolver as discussões. A princípio, pode ser frustrante para o professor, pois as crianças ficam inquietas e desatentas, mas, aos poucos, elas aprendem como proceder diante dos outros e passam a seguir as regras (ouvir, falar e respeitar as posições alheias). Compreendem, então, que sempre existirão divergências e que estas devem ser computadas nas discussões como a contrapartida de suas próprias. Aprendem, ainda, que nem todos pensam da mesma maneira e que, mesmo assim, as pessoas que não pensam como nós devem ser respeitadas.

O processo de descoberta da alteridade, desenvolvido na comunidade de investigação, é importante para o desenvolvimento das personalidades, pois coloca em frente do próprio indivíduo o outro eu. A comunidade de investigação que se reúne para a leitura das novelas filosóficas acaba por debater os comportamentos apresentados pelos personagens e, segundo Lipman, absorve certas concepções morais, valores e atitudes intelectuais semelhantes aos dos personagens. A capacidade de julgamento das ações estará diretamente ligada à capacidade de absorver a racionalidade empregada no processo de discussão. Assim, as crianças podem aprimorar os conceitos de certo e errado em sua própria cultura.

Muitos críticos de Lipman (Kohan, Silveira, Lorieri) acusam o programa de invadir culturalmente todas as comunidades em que foi empregado, como o Brasil. Ao usarem Paulo Freire (1981) como o precursor de uma educação comprometida com o indivíduo imerso em sua cultura e como a grande referência para a educação brasileira, os críticos de Lipman tomam a terminologia de esquerda para solucionar os problemas da qualificação do professor diante do método. Segundo Silveira (2003), não há cooperação, solidariedade e relações de vizinhança preocupada entre norte-americanos e brasileiros; sob sua visão, sempre há um objetivo opressor envolvido. Usando-se a concepção marxista de luta de classes, passa-se a visão de que o programa é uma tentativa de dominar as culturas e que esses processos sempre serão de violência, mesmo simbólica. A referência a Freire se dá na percepção de que a sociedade norte-americana (imperialista) busca oprimir povos e culturas, tornando a educação infantil um ponto forte. "A invasão cultural, para ele, ocorre quando os opressores penetram no contexto cultural dos oprimidos, impondo-lhes sua visão de mundo [...]" (Silveira, 2003, p. 81). Essa perspectiva parece um tanto avessa à verdadeira intenção inicial de Lipman, a de desenvolver a racionalidade nas crianças e nos jovens, pois, sendo os direitos humanos uma ode à humanidade, nada melhor do que garantir seu cumprimento a partir de critérios válidos para todos por meio da educação; se for racional, envolve as possibilidades de compreensão próprias de qualquer ser humano, porém, se for cultural, pode entrar no rol de crenças, costumes e preferências que pode ou não ser aceito pela maioria. A questão vinculada aqui é o desenvolvimento do respeito ao outro como prerrogativa para o acontecimento do programa, mas foi uma ideia desenvolvida, é claro, dentro de uma sociedade democrática e liberal como a norte-americana.

Para muitos, basta haver esse DNA no programa para que este se torne inválido para outras culturas. Os críticos são ásperos quando pensam em estabelecer critérios de avaliação e de eficiência e atitudes intelectuais que poderão servir para qualquer pessoa. Cremos que o programa faz sentido em qualquer um de seus níveis, desde que os professores sejam bem preparados e compreendam que o processo filosófico não é um despertar para a ideologia de esquerda, mas a oportunidade de as crianças se desenvolverem intelectualmente no contexto de qualquer ideologia escolhida no decorrer da vida. Nesse sentido, temos de ter na comunidade de investigação um professor que fará as vezes de árbitro comprometido com a forma de raciocínio, com a argumentação apresentada e com a construção dos valores a serem defendidos pela comunidade, sejam eles quais forem. Com isso, os pressupostos de Freire sobre oprimidos e opressores perdem seu assento, pois querem inculcar a falsa ideia de que qualquer história que não seja a da comunidade em questão não contribuirá para aprimorar a cadeia de valores morais e intelectuais.

O falso purismo educativo não tem espelho no mundo globalizado, na mundialização de informações, costumes e perspectivas, pois precisamos de um núcleo ordenador das diferenças para que o respeito ao alheio, ao controverso e ao outro seja completo. Teremos isso apenas se pudermos estabelecer a racionalidade como linha mestra; todas as outras perspectivas podem ser consideradas culturais, porém a razão é humana.

2.7 Alcance da filosofia para crianças no Brasil

Com base na primeira experiência do Centro Brasileiro de Filosofia para Crianças, muitos professores se interessaram por essa temática. As universidades brasileiras, de certa forma, entraram em cena na busca pela formação ideal e apropriada para suas necessidades. A principal mudança foi a preocupação com a formação de mais e mais pessoas que se interessassem pela filosofia voltada à formação básica das crianças. Assim, podemos compreender que muitos programas de formação de professores das faculdades brasileiras agora consideram essa temática como muito importante na formação dos licenciandos. Como afirma Lorieri (2004, p. 164), o Programa de

Filosofia para Crianças de Lipman foi o iniciador e "desencadeador de um grande movimento em nosso país, que resultou num fato inegável: a presença da iniciação filosófica de ou com crianças e jovens no ensino fundamental trazendo resultados positivos na educação deles".

Certamente, o programa de Lipman impulsiona as pesquisas sobre essas práticas, pois decorre dele uma infinidade de trabalhos acadêmicos, em graduação, especialização, mestrado ou doutorado. A universidade olhou de forma sedenta para a possibilidade de aprimorar a educação brasileira por meio de uma educação para o pensar, e esse olhar deu frutos em diversos estados brasileiros. No entanto, não há uma unanimidade sobre a proposta, pois, enquanto muitos ovacionam as conquistas, na mesma medida se estabelecem os críticos. Assim, em meio às discussões, podemos pensar que o trabalho com a filosofia no ensino fundamental foi iniciado por Lipman, mas está ainda em desenvolvimento no Brasil, com profissionais a favor e contra sua inclusão no ensino fundamental.

O alcance das metodologias ou da própria preocupação com o filosofar em sala de aula abriu caminho para muitos centros de estudos e de formação de professores com essa temática específica. Outras propostas, além da de Lipman, que trabalham com filosofia para o nível fundamental de ensino se multiplicam no país; muitas estão relacionadas a esse programa, algumas não, mas são igualmente válidas para a formação de crianças. Mencionamos algumas delas a seguir, para dar uma amostra de como foi possível estabelecer uma pesquisa sistemática a partir da proposta inicial, o que seguramente deu um impulso ao questionamento sobre a qualidade de ensino.

» **Centro Brasileiro de Filosofia para Crianças:** Inicia-se com professores da Pontifícia Universidade Católica de São Paulo (PUC-SP), os quais tomaram o programa de Lipman e seus materiais como referência de trabalho. A partir daí, a formação de muitos profissionais voltados ao desenvolvimento filosófico de crianças e jovens se desenvolveu. Nos anos 2000, essa formação encontrava-se reunida no *site* <www.cbfc.org.br>, que já não está mais disponível, mas as informações podem ser encontradas em: <www.philosletera.org.br>.

» **Instituto de Filosofia e Educação para o Pensar (Ifep):** Surgiu com inspiração no Centro e foi custeado pela Fundação Sidónio Muralha, criada em 1998 pela família do poeta principalmente para preservar sua obra e incentivar o cultivo literário entre as crianças. Mais informações podem ser encontradas em: <www.philosletera.org.br>.

» **Centro de Filosofia e Educação para o Pensar (Florianópolis):** Formado por professores que atuavam no Centro de São Paulo, tornou-se uma referência no sul do país, pois, além de ofertar cursos, desenvolve material didático próprio, bem como propostas de acompanhamento do trabalho nas escolas. Além de contribuir com a produção intelectual na área, agrega a editora Sophos para divulgação de materiais didáticos. Também promove o Troféu Amigos da Filosofia, para incentivar as escolas parceiras no desenvolvimento de projetos locais.

» **Projeto Filosofia na Escola:** Sediado na Universidade de Brasília (UnB), nos Departamentos de Filosofia e Teoria e Fundamentos da Educação, o projeto teve início em 1998 e, ainda hoje, é um forte programa da universidade, que a aproxima da comunidade escolar. A proposta de promover o ensino de filosofia na rede pública do Distrito Federal, desde o ensino fundamental até o ensino médio, ainda está ativa. Dando apoio às escolas, o projeto se desenvolve na mesma metodologia do programa de Lipman, com reuniões semanais na universidade. Para mais informações, acesse: <www.unb.br/servicos/apoio_a_escolas>.

» **Grupo de Estudos e Pesquisas em Filosofia para Crianças (GEPFC):** Sediado no câmpus Araraquara da Universidade Estadual Paulista (Unesp), o grupo foi criado e é coordenado por Paula Ramos de Oliveira. Desenvolve atividades e pesquisas voltadas à temática da filosofia com crianças por meio do Programa de Pós-graduação em Educação Escolar da Faculdade de Ciências e Letras da Unesp Araraquara. A produção de literatura na área, com publicações acadêmicas, é voltada às crianças. Mais informações podem ser encontradas em: <www.fclar.unesp.br>.

» **Instituto de Pesquisa em Educação e Cultura (IPEC):** Filosofia com crianças e jovens na região do Vale do Paraíba: O instituto foi criado em 1999, para atuar próximo à educação pública do Brasil, com projetos que podem fazer a diferença. Seu principal projeto na área é a Educação para o Pensar, aplicado no Vale do Paraíba e direcionado a crianças do 1º ao 5º ano das escolas municipais. Com base nas diretrizes de Lipman, o programa trabalha com escolas do ensino fundamental, com materiais desenvolvidos no instituto. Para mais informações, acesse: <www.ipec.org.br/filosofia.php>.

» **Núcleo de Estudos em Filosofia e Educação:** Criado em 2009 para dar continuidade ao trabalho do Centro Brasileiro de Filosofia para Crianças, os professores de filosofia para crianças associados buscavam divulgar o programa de Lipman por meio da formação de professores. O intercâmbio com o IAPC foi fundamental para a continuidade e a divulgação do trabalho de Lipman no Brasil. Mais informações podem ser encontradas em: <www.filosofiapara criancas.com.br>.

Não são apenas esses centros e grupos de estudos que se dedicam à filosofia para crianças; são apenas alguns exemplos. Muitos profissionais da área de educação e filosofia tornaram-se pesquisadores dessa temática, desenvolvendo novelas e textos filosóficos ou materiais de transposições de temáticas filosóficas que podem ser utilizados como suporte para as aulas de filosofia no ensino fundamental. De qualquer forma, sempre devemos ter presente que o IAPC é uma referência na área, tanto para a formação de professores como para a divulgação do desenvolvimento das pesquisas referentes ao programa. Você pode obter mais informações em: <http://www.montclair.edu/cehs/academics/centers-and-institutes/iap> (em inglês).

Síntese

Neste capítulo, apresentamos a construção da filosofia para crianças de Matthew Lipman como um marco histórico das preocupações com a educação escolar das crianças. Com base em pressupostos reformadores da escolarização, discutimos como o foco da nova metodologia proposta se desenvolvem no decorrer das pesquisas desse estudioso. Com a criação do IAPC, em 1974, o trabalho avançou por meio da busca do desenvolvimento de habilidades intelectuais das crianças.

Apontamos também a importância da preparação dos professores para o trabalho com a metodologia e a disciplina de filosofia para crianças, bem como para o desenvolvimento de suas habilidades para conduzir uma comunidade de investigação. O estabelecimento dessas comunidades deve ocorrer com certos critérios e comprometimento por parte dos alunos, para que a experiência seja realmente filosófica. As comunidades de investigação são apresentadas como a instância necessária para que o diálogo disciplinado se desenvolva.

Discutimos, ainda, como as novelas filosóficas ou os textos a serem trabalhados na disciplina são importantes para o planejamento da atividade no interior da escola. Por isso, foram apresentadas indicações de alguns centros de pesquisa e desenvolvimento de metodologias e formação de professores na área de filosofia para o ensino fundamental. Como é natural, depois que o programa de Lipman foi lançado em vários países, podemos encontrar transformações e experimentações de novas possibilidades fundamentadas em suas ideias.

Indicações culturais

Mencionamos anteriormente algumas possibilidades e grupos de trabalho no Brasil, mas também podemos estender a informação para os países de língua espanhola, que têm fortes pesquisas na área e conduzem diferentes estudos referentes ao tema.

CENTRO DE FILOSOFÍA PARA NIÑOS. Disponível em: <http://filosofia paraninos.org>. Acesso em: 28 dez. 2015.

O *site* do Centro de Filosofía para Niños apresenta formação de docentes para o trabalho com crianças, bem como uma série de relatos de experiências que contribuem para a reflexão daqueles que já trabalham com essa modalidade de ensino de filosofia. O *site* é muito completo, pois agrega informações gerais, divulga experiências e promove encontros e entrevistas com especialistas. Sediado na Espanha, o centro reúne experiências de diversas cidades do país, como Barcelona, Valência e Astúrias.

FEDERACIÓN MEXICANA DE FILOSOFÍA PARA NIÑOS A. C. Disponível em: <http://www.fpnmexico.org>. Acesso em: 28 dez. 2015.

O trabalho da Federación Mexicana de Filosofía para Niños A. C. está diretamente vinculado ao programa de Lipman. É uma associação que busca desenvolver a filosofia para crianças no país, mantendo os critérios apresentados pelo programa original. Sua base é a formação de professores que possam atuar na escolarização básica das crianças.

NOVEDUC – Ediciones Novedades Educativas. Disponível em: <http://www.noveduc.com>. Acesso em: 28 dez. 2015.

A Noveduc – Ediciones Novedades Educativas apresenta muitas pesquisas e experiências na área de educação infantil e de jovens adolescentes. Seu trabalho busca divulgar congressos, encontros e novidades editoriais voltadas ao desenvolvimento intelectual das crianças. Tem uma linha editorial exclusiva para acolher textos e materiais didáticos de filosofia para crianças.

Atividades de autoavaliação

1. Assinale V para as alternativas verdadeiras e F para as falsas:
   ( ) O Programa de Filosofia para Crianças de Lipman foi criado no Brasil na década de 1980.
   ( ) A filosofia para crianças objetiva o desenvolvimento de habilidades motoras da criança.
   ( ) A interpretação e as inferências são necessárias para uma compreensão de leituras filosóficas e literárias.
   ( ) Se pensamos melhor, agimos melhor. Esta é a máxima de Lipman.
   ( ) O desenvolvimento das habilidades de raciocínio depende da classe econômica em que a criança se encontra, pois a luta de classes sempre a desfavorece.

2. Quando falamos em habilidades lógicas, estamos falando em:
   a) habilidades de raciocínio, transmutação e efetivação que conduzem ao aprendizado de conteúdos historicamente constituídos.
   b) desenvolvimento de capacidades superiores do pensamento, pois, mesmo que as crianças não sejam capazes de fazer distinções ou inferências, devem saber como se comportar na escola.

c) pensar bem, o que deve estar presente na criança antes e durante os diversos momentos da aprendizagem.

d) habilidades de tradução que implicam saber formular questões, estimar e prever, bem como dar razões.

3. Uma das principais críticas ao Programa de Filosofia para Crianças de Lipman se refere:

   a) aos objetivos, que estão baseados em inculcar padrões morais e estéticos nas crianças.

   b) à formação de professores como um sistema independente de atuação.

   c) à formação de professores, que depende de uma estrutura piramidal de atuação e acompanhamento.

   d) à autonomia extrema a que o professor é submetido quando trabalha com os materiais didáticos.

   e) à fraca estrutura filosófica encontrada nas novelas filosóficas.

4. Assinale V para alternativas verdadeiras e F para as falsas:

   ( ) Uma discussão reflexiva requer o desenvolvimento dos hábitos de ouvir e de refletir.

   ( ) Aulas dialógicas necessitam de planejamento, objetivos claros e racionalização.

   ( ) O professor de filosofia para crianças deve conduzir a comunidade de investigação de forma que possa concluir seu programa semanal lendo sempre um episódio completo.

   ( ) Segundo Lipman, os professores não estão preparados para desenvolver sozinhos as atividades didáticas referentes às novelas; por isso, precisam dos manuais do professor.

( ) Nas comunidades de investigação, a sala de aula é o ambiente mais interessante, pois a disposição das carteiras em fila, com os alunos olhando para o professor, estabelece uma atitude de seriedade entre os membros ativos da comunidade.

5. Quando falamos na construção de um ser "*educado*", não estamos nos referindo apenas à absorção de informações, mas também à capacidade de:
   a) quantificação de informações memorizadas por ele.
   b) preenchimento da mente das crianças, uma vez que são tábulas rasas antes da educação escolar.
   c) interação com o ambiente para a resolução de problemas importantes para ele.
   d) aprender automaticamente o conhecimento proposto.

Atividades de aprendizagem

Questões para reflexão

1. Em que medida as críticas ao programa de Lipman são pertinentes para pensarmos a educação brasileira?

2. Quais seriam as habilidades lógicas mais importantes a serem desenvolvidas na escola, em sua opinião?

3. Que tipo de estrutura física as escolas deveriam ter para acolher um programa que se disponha a desenvolver a totalidade das habilidades da criança?

4. Como podemos alargar as conquistas do programa de Lipman na rede pública de ensino? E na rede privada?

5. É possível pensar em aplicar os princípios e as metodologias do programa de Lipman na estrutura escolar brasileira sem uma adequada preparação dos professores? Apresente argumentos para justificar sua opinião.

Atividade aplicada: prática

Desenvolva uma pesquisa e encontre os principais países que adotaram o Programa de Filosofia para Crianças de Matthew Lipman. Depois, verifique se as escolas parceiras são da rede pública ou da rede privada de ensino. Em seguida, formule considerações a respeito de como esse programa pode afetar as diretrizes educacionais de uma região, de uma rede de ensino ou de um país.

III

Pensamento filosófico
e aprendizagem infantil

Quando falamos em pensamento filosófico, sempre pensamos que se trata de uma atividade que envolve muita complexidade e, obviamente, está longe das pessoas que não se dedicam profissionalmente à filosofia. Porém, a cada ano, mais profissionais da filosofia estão preocupados em desencastelar e retirar do Olimpo o fazer filosófico, pois, mesmo não sendo uma atividade natural, é uma das atividades intelectuais humanas mais importantes. Filosofar pode ser libertador, é uma prática que pode ser exercida por todos que estejam comprometidos com o próprio bem-estar. É nessa atividade do pensamento que buscamos respostas para nossos principais conflitos; mas não são conflitos psicológicos ou sociais simplesmente, são conflitos humanos, que podem nos fazer desanimar diante da vida ou bloquear nossas reais possibilidades para a felicidade.

Desenvolver o pensamento filosófico é como ter uma espécie de remédio para certas apreensões corriqueiras: Como a vida começa? Por que termina? Tem algum propósito que desconheço? Ela tem algum sentido oculto? Questões como essas podem, ou não, perturbar nosso cotidiano, mas, de certa forma, fazem-nos parar para pensar no que fazemos todos os dias com nossa própria vida – como a conduzimos, quais planos temos para os próximos anos, que valores estamos elegendo como os principais em nossa existência. Enfim, de que forma estamos respondendo às questões que são individuais, mas que transcendem o âmbito do particular quando descobrimos que são questões de todo ser humano? Para onde e como iremos? Podemos decidir sobre isso ou já estamos em um caminho pronto?

Perceber que estamos, sempre, em certa determinação humana, por condição social, de gênero, nacionalidade ou econômica, incomoda-nos, mas também implica considerar o "aqui e agora" em nossa vida, sabendo que é a ele que devemos responder prontamente. Podemos utilizar a capacidade racional para exercitar essa atividade chamada *filosofia*, seja para melhorar nossas respostas, seja, simplesmente, para buscar uma atividade prazerosa e instigante para nosso pensamento.

Desde a origem da filosofia, o pensamento filosófico foi se constituindo como uma atividade que objetivava a felicidade. Essa noção de que todo ser humano tem desejo de felicidade está presente nos escritos de Platão (428 a.C.-348 a.C.), Aristóteles (348 a.C.-322 a.C.), Epicuro (341 a.C.-270 a.C.), Zenão de Eleia (490 a.C.-430 a.C.) e em tantos outros, na Antiguidade ou depois dela. Contudo, muitas vezes, esquecemo-nos de perguntar sobre a felicidade, apenas a desejamos, como se fosse algo a adquirir: felicidade, eis a questão! Não é possível adquirir, como se fosse uma coisa, precisamos conquistá-la com nossas vivências, que são o motor dessa conquista. Assim, percebemos que as perturbações particulares não são apenas nossas; quando fazemos filosofia, descobrimos que estão em todas as teorias filosóficas que tentam dar conta do que é a felicidade humana. Todos os filósofos, desde a Antiguidade, buscaram responder a esta questão: O que preciso fazer para ter felicidade? Não é uma pergunta de resposta fácil, mas interessa a adultos e crianças. Para uns, as respostas precisam de grande elaboração e convencimento; para outros, podem ser simples como um aconchego ou um abraço.

Mas toda essa atividade precisa ser aprendida ou apreendida, pois não é uma atividade natural; é preciso empenho para exercê-la e coragem para seguir adiante. Se, por fim, conseguirmos aconchegá-la à nossa vida, será uma atividade prazerosa para esclarecer o que temos de mais íntimo, mesmo mantendo as perturbações típicas de um dilema filosófico. Só aos adultos interessa o filosofar? Não, certamente. Já respondemos, de certa forma, a essa questão, mas aqui iremos analisá-la sob outro prisma: a partir da questão da escolarização do filosofar. Se desde a Antiguidade a preocupação humana com a formação das jovens gerações é matéria controversa, então, novamente, podemos verificar as possibilidades de o desenvolvimento do pensamento filosófico se fazer presente já nos primeiros anos escolares; pois, como diria Epicuro, nunca é cedo ou tarde para ser feliz.

3.1 Visões ou concepções de infância

Primeiramente, precisamos discutir alguns pontos fundamentais sobre o conceito de infância que são pressupostos para qualquer atividade com e para elas. A história do pensamento humano confunde-se também com uma história sobre concepções de infância ou do que é infantil. Desde a Antiguidade, as concepções de infância recaem sobre a perspectiva de que as crianças são seres humanos imperfeitos, pois ainda estão em pura potência. Pressupomos que essa potência um dia estará em ato, ou seja, no momento em que nos tornamos adultos, atualizamos tudo o que estava latente em nosso vir a ser. Essa concepção, dita *clássica*, emula muitas possibilidades, hoje em dia, de pensarmos a infância como uma chance de realizar a novidade do mundo, por exemplo, porque pressupõe uma educação que inculque a cultura à qual a criança deverá adaptar-se para viver em sociedade.

Desde os tempos de Plutarco (45 d.C.-120 d.C.), que em suas obras apresenta dificuldades para seccionar exatamente as idades em que se deixa de ser bebê e se vira criança e que se vai de criança a jovem, estamos imersos em controvérsias sobre a divisão da vida humana. O que é certo é que o termo *nepios* (com plural *nepia*) cobre um significado mais amplo, que poderíamos designar por "criança pequena", pois vem aplicado tanto com o sentido de "bebê" como de "criança de tenra idade" (Soares, 2011, p. 15). A imprecisão dos termos pode parecer apenas um equívoco, mas não é. Na Antiguidade, em alguns lugares, o nascido não tinha necessariamente um estatuto de criança viável, como tem hoje. Se atualmente consideramos vivo o feto ainda não nascido, na Antiguidade essa percepção não estavam tão claras assim. Em Esparta, por exemplo, o bebê tinha de ser avaliado por uma comissão de anciãos para se ter certeza de que seria uma criança viável a ser criada e, consequentemente, educada. Se hoje isso nos horroriza, naquela época era uma questão de sobrevivência da família e da própria sociedade.

De qualquer forma, a divisão em faixas etárias é compreendida dentro de certos ritos de passagem que favorecem a aquisição de habilidades para as novas perspectivas postuladas. As obras de Plutarco não oferecem um esclarecimento definitivo sobre a questão, porém podemos inferir alguma divisão na terminologia empregada. É possível compreender que o rito de passagem de criança para jovem se faz de forma exterior. Como aponta Soares (2011, p. 19), a cultura romana transformava a criança em outro de si quando a fazia largar a "toga com uma faixa púrpura (*toga praetexta*)" e a *bulla*, que levava pendurada em seu pescoço e era uma espécie de amuleto em forma de bolha. A mudança de veste fazia o rito de passagem ser significativo para a comunidade. Ao vestir a toga branca (*toga virilis*), a criança passava a ser considerada "pertencente à juventude". Já a tradição grega considerava *ephebos* o menino que podia ascender ao treino militar obrigatório, ou seja, aquele que passava pelo rito de passagem em direção à cidadania plena (Soares, 2011, p. 20).

Pensar sobre o caráter da infância e de como devemos encará-la está presente em um dos textos mais lidos na história da filosofia: *A República*, de Platão. Nele, o filósofo, que intenciona propor uma educação que forme uma classe superior de guardiões e guardiãs, primeiro tem de pensar sobre a educação das crianças. É nela que se inicia um movimento de censura sobre as obras de Homero (928 a.C.- 898 a.C.) e de Hesíodo (século VIII a.C.), delineando o que é adequado ou não àquela idade. Platão faz isso por considerar que, em tenra idade, a criança é inocente em todos os sentidos e que histórias falaciosas podem transformar seu caráter definitivamente. Buscar, então, uma literatura apropriada para formar o bom caráter, que exalte a sabedoria, a coragem, a temperança e a justiça, é imprescindível para uma boa educação. Podemos compreender, com esses exemplos, que tanto Plutarco como Platão tinham na educação o ponto central de sua concepção sobre a infância. É nesse início de vida, das crianças pequenas até a idade dos exercícios gímnicos, que confiam a educação a pedagogos virtuosos.

Naquele período da história do pensamento, as concepções de infância giravam em torno da certeza de que as crianças são pequenos adultos, porém ainda em potência, e caberia à educação transformar essa potência em ato, ou seja, em um adulto virtuoso. Marcar a infância com algo que denunciasse seu caráter não acabado era comum na Antiguidade e persistiu, com algumas modificações, até o século XVIII, quando as inferências sobre essas concepções começaram a se modificar, ao mesmo tempo que a eficiência de sua educação era colocada em cheque.

Um desses educadores foi Jean-Jacques Rousseau (1712-1778), que buscava repensar a educação infantil a partir de pressupostos republicanos libertários. Pare ele, a criança deveria ser deixada livre de faixas e tudo o mais que a impedisse de se desenvolver, permitindo-se que ela fosse uma investigadora da natureza, educada livremente, no campo, sem a contrição de receitas sociais inúteis (etiquetas sociais). Rousseau desenvolveu toda essa perspectiva inovadora de educação na obra *Emílio – Ou da educação*. É nela que o filósofo apresenta uma perspectiva de liberdade e de condução da educação a partir da necessidade da criança. Seu projeto educacional prevê a possibilidade de Emílio conduzir sua educação a partir das necessidades ou das dificuldades que a vida lhe impuser; isso, segundo o filósofo, levaria à constituição de uma pessoa mais autêntica e centrada no que é importante na vida, sem se render a necessidades vazias e inúteis.

Para o autor, somos afetados pelo que é exterior a nós desde o nascimento, e tudo o que nos afeta nos educa, sejam pessoas, sejam objetos. É dessa forma que podemos ter consciência de nossas sensações, das coisas de que gostamos e que procuraremos sempre e daquelas que sempre evitaremos. Por isso, Rousseau (1999, p. 10) afirma que as "disposições estendem-se e firmam-se à medida que nos tornamos mais sensíveis e mais esclarecidos; forçadas, porém, por nossos hábitos, elas se alteram mais ou menos segundo nossas opiniões". Antes de qualquer afetação ou alteração, atribui-se a natureza às pulsões. Com isso, o filósofo demonstra que buscar desenvolver a própria natureza está diretamente ligado à nossa possibilidade de educação autêntica, livre de imposições e normativas do dever fazer ou do dever pensar. A liberdade experimentada na infância é determinante para o processo de construção de um ser humano mais sensível aos dilemas do mundo.

Na mesma perspectiva, porém com a disciplina como um dos carros-chefes de sua concepção pedagógica, mencionamos a contribuição de Immanuel Kant (1724-1804), que nos propõe estabelecer com as crianças o disciplinamento do corpo aliado ao fomento do intelecto. Seu plano educacional tem como fim a constituição de um adulto autônomo intelectualmente, que consiga dar conta de suas crenças e concepções por meio de argumentos racionalmente construídos, que possam ser expressados a qualquer ser racional. Essa dimensão de educação está atrelada a uma concepção de criança como um ser capaz de constituir-se para a autonomia, o que, obviamente, não significa que a criança possa ser considerada autônoma e desfrutar disso desde a infância. Segundo Pinheiro (2007, p. 52), a disciplina "traz consigo a coação, necessária também no processo de afastamento do estado primitivo selvagem do homem natural. A coação cumpre aqui a tarefa de limitar a liberdade, mas não a liberdade em sentido moral, porém a liberdade selvagem, liberdade anárquica, instintiva e irresponsável". Nesse sentido, a educação se torna a busca pelo afastamento do que é brutal e selvagem, pois é pela disciplina que Kant vislumbra a possibilidade de o sujeito educar-se. Conforme o autor, "a falta de disciplina é um mal pior que a falta de cultura", pois absorver a cultura e aprender coisas novas é sempre uma prerrogativa do humano, no entanto o defeito de disciplina ou sua falta mantém no humano sua marca selvagem e desmedida.

Levando em consideração esses pensamentos, podemos conceber que, até o século XVIII, as crianças eram consideradas adultos imperfeitos e dados à selvageria e que se acreditava que a educação tinha o propósito de salvá-las de si mesmas. Ao adentrar à escolarização, a criança iniciava uma preparação para a autonomia, constituindo-se em uma propriedade de si mesma, porém também respondendo a ela com responsabilidade. A infância é uma etapa da vida ligada a um começo e passa a fazer sentido quando se chega à vida adulta. Assim, a educação propriamente dita tem um papel fundamental na construção do que é humano, pois, se as crianças não têm um ser definido, são consideradas possibilidade e potencialidade: elas serão o que devem ser. Para Kohan (2004, p. 53), "a educação terá a marca de uma normativa estética, ética e política instaurada por legisladores, para o bem dos que atualmente habitam a infância, para assegurar seu futuro, para fazê-los partícipes de um mundo mais belo, melhor". Parece que a infância é a fonte de realizações, de materializações humanas do porvir e a educação é seu instrumento realizador.

Essa perspectiva do vir a ser está presente nas principais concepções de educação na história da educação; porém, começou a ser revista no século XX, quando a infância passou a ser uma categoria de prioridade política. Então, não estava mais em jogo avaliar se a criança seria viável à sociedade, mas demonstrar que a sociedade deve viabilizar a vida e o desenvolvimento de qualquer criança. Mudar a perspectiva sobre a infância é lhe dar um crédito de instância necessária ao vir a ser (adulto). Assim, quando Kohan (2004) menciona a perspectiva do filósofo italiano Giorgio Agamben (1942-), esclarece que neste século iniciamos outra perspectiva sobre a infância. Essa etapa da vida é uma condição da existência humana, que apresenta tanto a ausência como a busca pela linguagem que expressa seu pensamento. Sendo o único animal que aprende a falar, o ser humano torna-se aquele que descontinua seu percurso correspondente entre o que é dado e o que é adquirido. Na verdade, depois da linguagem, tudo passa pela aquisição por meio da experiência.

O crescimento é uma experiência da qual nenhum de nós se furta. A infância, considerada como um tempo (começo) na mesma medida que um poder (de aquisição da linguagem) potencializado o fato de o crescimento ser proporcionado pelo ímpeto do desejo do porvir.

As concepções de infância podem ser alteradas, como no exemplo da poesia de Manoel de Barros (1916-2014), que imprime na infância um poder de movimentação e congelamento temporal. Os poemas desse autor nos ajudam a pensar em como a infância pode ser concebida como um poço de invenções contínuas, seja de significados, seja de criações efetivas de mundo. A imaginação é o ponto forte da infância, mas é a partir dela que podemos imprimir na infância uma urgência para possibilitar a filosofia. Segundo Kohan (2004, p. 56), "é justamente nas contradições que podemos pensar, se é que pensar tem a ver com criar e não apenas com reproduzir o já pensado. É quando nos situamos nesse espaço em que o já pensado parece impossível que nascem as condições para pensar outra coisa, algo diferente do já pensado". Nesse sentido, é no pensamento que aquilo que parece impossível se torna possível, ou seja, é uma espécie de ligação entre o "saber e o não saber, entre o lógico e o ilógico". Nesse sentido, o pensamento se desenvolve na contradição entre extremos, pois força-nos a encontrar um caminho viável para a situação.

Tendo presentes tais concepções de infância, podemos encará-la sob diferentes prismas: de forma mais tradicional, como uma instância que está em simples potência e que precisa atualizar-se, ou como uma etapa da vida necessária à experimentação e à aquisição de conhecimentos que determinam o restante de nossa vida. Esta última visão, principalmente, possibilita a tese de que é possível instituir os rudimentos de uma atividade prazerosa e fundamental para a constituição de um adulto autônomo, a saber, a atividade filosófica.

Diante dessa dupla conotação da infância, é pertinente mencionamos o comentário de Kohan sobre o conceito de "devir-criança", de Gilles Deleuze e Félix Guattari, que forja a constituição de outra temporalidade que não a da história cronológica pela qual todas as pessoas necessariamente passam. Esta, segundo ele, é a que faz toda criança um modelo, seja por meio de políticas públicas, seja por meio de estatutos que determinam a educação. Ou seja, trata-se de uma instância temporal que está impressa em todos nós, pertencentes a um tempo determinado, com passado, presente e projeto de futuro. No entanto, o conceito de "devir-criança" está caracterizado por outra dimensão da infância, aquela do simples devir, que não é imitar o que já foi ou simplesmente realizar certas determinações e tornar ato o que foi um dia projeto temporal (cronológico).

> Devir-criança não é tornar-se uma criança, infantilizar-se, nem sequer retroceder à própria infância cronológica. Devir é um encontro entre duas pessoas, acontecimentos, movimentos, ideias, entidades, multiplicidades, que provoca uma terceira coisa entre ambas, algo sem passado, presente ou futuro [...]. (Kohan, 2004, p. 64)

Como podemos ver, é um processo de encontro no tempo presente, no "aqui e agora", que permite uma infinidade de possibilidades. Esse encontro não é particular nem universal, porque é um encontro humano, do adulto com toda a possibilidade do vir a ser e da criança com toda a possibilidade do tornar-se. Esse encontro franco e simples é o ancoradouro de uma viagem de possibilidades, principalmente aquela que cria novos mundos, novas interpretações de mundo e que projeta o futuro. Assim, o "devir-criança é uma forma de encontro que marca uma linha de fuga a transitar, aberta, intensa" (Kohan, 2004, p. 64). Podemos entender que é nesse caminho aberto pela infância que o diálogo filosófico se instala de forma radical, pois ele abre possibilidades realmente novas para o mundo.

3.2 O filosofar na infância e suas proposições

Já traçamos algumas linhas sobre as proposições de Lipman para a filosofia para crianças; porém, agora nos dedicaremos a problematizar todas as possibilidades do desenvolvimento dessa atividade na escola. Também observaremos que o objetivo dessa atividade não é apenas o desenvolvimento de habilidades de raciocínio; ela vai muito além desse destino.

Se Lipman pontua as habilidades mentais das crianças como o objetivo central de sua filosofia para crianças, que implica aquisição de racionalidade por meio da aprendizagem da lógica, também tem a intenção de tornar a criança um ser mais crítico diante da realidade. Segundo Lipman (1990, p. 112), é claro que todos os lógicos concordam sobre o que significa ser racional, "Uma vez que a racionalidade é o objetivo primordial da educação reflexiva". Isso significa que os educadores também devam concordar que "aqueles que procuram uma taxonomia das habilidades de pensamento podem iniciar com as habilidades de raciocínio necessárias para efetuar as operações cognitivas das quais a lógica consiste" (Lipman, 1990, p. 112). Para estabelecer esses parâmetros lógicos, o autor convoca a psicologia, principalmente a de Piaget, para determinar fases e idades para o estabelecimento das habilidades cognitivas. No entanto, quando frisamos essas fases (quase estanques), estabelecemos regras de pensamento e constituição da racionalidade. Esse procedimento busca, de certa maneira, formatar as crianças em suas fases cognitivas, não lhes permitindo sair delas enquanto não comprovarem suas habilidades.

Uma das principais críticas que se fazem ao programa de Lipman é o da extrema importância que este dá à formação lógica nas primeiras fases da infância, pois parece que seu projeto educativo não apresenta um espaço para o que é realmente novo, apenas reforça o que deve ser aprendido e pensado. Claramente, aqui aparece o conflito entre o programa de Lipman e seus críticos, pois, centrado em um projeto educativo pragmático e formador de cidadãos, com o objetivo de transformar a realidade, ele não admite os irracionalismos. Os críticos, geralmente vindos da esquerda frankfurtiana, ficam estarrecidos com as opiniões de Lipman, que considera como irracionais as manifestações de 1968, pois eles são adeptos das normas da transformação social por meio da luta de classes.

Podemos abrir aqui um parêntese: os críticos de Lipman são partícipes ou têm sua principal formação nas teorias filosóficas oriundas da Teoria Crítica (Frankfurt). Isso certamente reflete na dificuldade de tomar como modelo suas propostas educativas, pois, se elas também buscam estabelecer critérios cívicos aceitos como uma meta justificável, como os conteúdos de moral e cívica do período militar no Brasil, por exemplo, não podem ser acolhidas como inovadoras. As críticas, por vezes, estão muito mais comprometidas com o combate às propostas de controle social a partir da educação das crianças do que com as normas racionais que são almejadas no programa: "Se você não é um animal, não haja como um. Se você não deseja violência, não cometa violência. Se você quer ser ouvido, escute também". Na verdade, Lipman exige racionalidade em todas as instâncias de seu programa, mas, principalmente, naquelas referentes às ações públicas, pois serão elas que garantirão o respeito às diferenças e à diversidade.

As críticas a seu programa como proposta educativa são referentes à conformidade dos sujeitos com o *status quo* vigente e à efetiva busca pelo desenvolvimento de habilidades cognitivas exclusivamente racionais. Para alguns, isso não deixa espaço para o desenvolvimento das habilidades emocionais, tão fomentadas neste início de século. Porém, todos concordam que é pelo diálogo que os processos educativos que fazem filosofia podem ir a termo, ou seja, quando propomos fazer filosofia com crianças, estamos estabelecendo uma abertura para o diálogo com o novo. Então, as principais críticas ao programa de Lipman são de cunho político ou relacionadas a objetivos práticos, de forma alguma procedimentais. Assim, a filosofia prescinde do diálogo, seja para Lipman, seja para seus críticos. Nesse sentido, a compreensão do que seja filosofar significa também compreender que esse ato exige "conversação, diálogo e comunidade, que não são compatíveis" com uma sala de aula tradicional e o que se requer dela, por isso fazer da classe uma comunidade de investigação se torna premente. É preciso estabelecer um diálogo entre estudantes e professores de forma confiante e igualitária. A classe deve ser um lugar "onde possam ler juntos, apossar-se de ideias conjuntamente, construir sobre as ideias dos outros; onde possam pensar independentemente, procurar razões para seus pontos de vista, explorar suas pressuposições"; na verdade, o que se propõe é que possam trocar e compartilhar momentos de vida, compreender o sentido extremo do "que é descobrir, inventar, interpretar e criticar" (Lipman, 1990, p. 61).

Podemos notar que a proposta aqui apresentada leva ao estabelecimento de novos procedimentos educativos na escola, pois a classe não será mais passiva sobre o que deve ou não ser aprendido. Ela será participante das decisões desse processo, por meio de avaliação, criação e interpretação do que for apresentado. O problema estabelecido é saber quando uma proposta poderá ser rejeitada pela comunidade de investigação. Ao compreendermos a sala de aula como uma comunidade que decide democraticamente suas escolhas, podemos decidir, por exemplo, que não vamos aprender matemática porque é muito difícil? Dilemas como esses impõem certo desconforto aos críticos de Lipman, pois são decisões que poderão surgir na comunidade à medida que ela se instrumentalizar com as escolhas democráticas em que estiver imersa. Onde ficaria a soberania decisória dos educadores sobre ela? Não ficaria. Nesse momento, eles teriam de usar estratégias de persuasão para criar a necessidade da aprendizagem.

Assim, dificilmente também poderíamos combater a crítica a Lipman de que professores não devem doutrinar seus alunos. É tênue a linha entre deixar realizar e fazer realizar. Quando podemos dizer claramente que o que ensinamos é fruto da necessidade real das crianças? Por isso, a proposta de Lipman é clara em um ponto: é uma proposta para a educação de valores cívicos. O estabelecimento de valores adequados à nova geração sempre será controvertido, pois uns apelam para a adequação ao mundo já pronto, outros pregam a revolução e a transformação desse mesmo mundo; não há consenso. É possível pensar em algum ponto comum entre essas posições? "É de consenso geral que numa sociedade democrática os pais esperam que seus filhos sejam capazes de identificar, querer e ter o melhor. As mesmas esperanças são características dessas sociedades com relação a seus futuros cidadãos" (Lipman, 1990, p. 65). O grande problema aqui é quando não há concordância sobre o que é "ter o melhor", "querer o melhor" e "identificar o melhor", pois há uma infinidade de particularidades envolvidas nessas expressões.

Para muitos, "ter o melhor" significa, em uma sociedade de consumo, ter mais bens materiais e poder adquirir cada vez mais esses bens para que os particulares e a comunidade cresçam em termos econômicos. Em contrapartida, para outros, "ter o melhor" significa obter a melhor educação, com princípios que valorizem os talentos pessoais – sejam quais forem –, as relações humanas autênticas, a solidariedade e a comunidade como um todo. Nesta última visão, não há bens materiais a serem computados, mas a capacidade das pessoas de estabelecerem relações harmoniosas e cooperativas. Não há aumento da capacidade econômica da comunidade, apenas são estabelecidos os valores a serem interpretados como os mais importantes; as consequências deles poderão ser econômicas, políticas e sociais.

O que podemos perceber, com uma leitura atenta do autor, é que, quando Lipman fala sobre uma educação para os valores cívicos, não está imerso na visão "imperialista e capitalista americana", como muitos acusam, mas está preparando o terreno do liberalismo na sociedade. Compreender os valores liberais mais radicais é também compreender que haverá espaço para toda a diversidade e a inovação cultural urbana na educação reflexiva. Se estabelecermos uma guinada à esquerda nessa proposta, ela sucumbirá a ideologias fechadas em seus princípios igualadores. Se pessoas não são iguais, não as devemos tratar como iguais. Se os princípios liberais são os mais largos, será com eles que a filosofia para crianças poderá desenvolver-se com maior liberdade. Por isso, a ênfase nas habilidades de argumentação é uma das metas mais importantes da proposta para a filosofia na infância; com base nela será possível desmascarar ideologias educativas e políticas, bem como mediar conflitos de posições, ou seja, na arte do diálogo, as situações serão resolvidas.

O filosofar na infância implica estabelecer com as crianças uma dinâmica de aprendizagem de diálogo capaz de desenvolver, na mesma medida, suas habilidades em falar e ouvir. Talvez essa seja uma das tarefas mais difíceis para o professor em sala de aula, pois compreender o falar e o escutar dos outros nem sempre parece urgente em um mundo que está cada vez mais centrado no "eu". Exemplo disso é a quantidade de *selfies* que encontramos nas redes sociais – essa parece ser a nova fórmula de se fazer escutar ou de se fazer ver em um mundo plural e diverso.

Silveira (2003) menciona esse modo de fazer filosofia como uma questão a ser problematizada em Lipman. Se a base da filosofia para crianças está também no desenvolvimento da capacidade de raciocinar e tanto crianças como adultos têm essa capacidade, então a questão gira em torno da possibilidade de fazer filosofia sem aprender filosofia. Esses questionamentos surgem justamente com a proposta de Lipman de sacrificar a terminologia e a metodologia do estudo da filosofia tradicional em favor de um fazer baseado no diálogo regrado. Obviamente, Silveira se baseia nas propostas lipminianas de fazer como Sócrates, que dialogava com seus interlocutores sem necessariamente certificar-se de que eles também viam a filosofia como um modo de vida, e não como uma profissão.

Assim, "fazer filosofia consiste, basicamente, em praticar o 'pensar excelente', ou o 'pensar de ordem superior', o que, em última instância, significa pensar em conformidade com as regras da lógica formal. Desde que isso seja assegurado, pouco importa o conteúdo do pensamento" (Silveira, 2008, p. 63). Segundo esse crítico, é um problema o programa de Lipman primar pelo pensamento excelente em filosofia sem considerar a constituição histórica das teorias filosóficas e seus autores.

Cabe agora saber se é possível estabelecer uma prática filosófica com crianças, considerando-se que elas não têm a terminologia nem teorias dos filósofos como conteúdo da reflexão. Será que basta brincar de pensar para pensar com critério? Certamente, não. É preciso estabelecer parâmetros para que a aprendizagem infantil se efetive a contento, contribuindo no processo de desenvolvimento cognitivo das crianças de forma clara e objetiva.

3.3 A aprendizagem infantil e o filosofar

Como já manifestamos em outra oportunidade, a preocupação com a educação das crianças é algo que nos acompanha desde as origens da filosofia, mas se especifica depois de Sócrates e sua formulação filosófica. Em muitas oportunidades, desde a Antiguidade, os filósofos manifestaram suas teorias a respeito da educação das crianças, sempre expondo o que se quer delas, ou melhor, o que se projeta que se tornem. Cláudia Vasconcellos afirma, na apresentação que fez para a obra *A educação das crianças*, de Michel de Montaigne (2005): "O escopo de toda educação é, segundo Montaigne, a formação do julgamento individual", e nesse exercício precisamos manter a liberdade. "Mas a liberdade deve presidir sobre todo o processo de aprendizagem, no qual a pedagogia montaigniana subverte o papel das figuras de autoridade" (Vasconcellos, 2005, p. VII). De fato, o que Vasconcellos mostra é que temos de verificar qual é a relação entre o professor e o aluno, o adulto e a criança, o mestre e o discípulo no centro do que chamamos de *aprendizagem*. Assim, coloca-se a liberdade no centro do movimento da educação filosófica, uma liberdade capaz de constituir-se no próprio processo de aquisição de si no exercício do julgamento; contudo, para isso, precisamos de habilidades racionais que, necessariamente, são constituídas por meio de uma infância que experimenta a liberdade em seu vir a ser.

A preocupação com o que devemos promover como educação das crianças é uma constante, como já mencionamos, porém há algo que parece ser uma unanimidade entre os autores: a educação dos valores – cívicos, morais, humanos ou comunitários. Todos concordam que as crianças precisam ser hábeis em alguns valores caros a todos nós, pois, se isso não for providenciado pela educação particular ou pública, inculcaremos apenas coisas na cabeça das crianças, e não capacidades. Por isso, Montaigne (2005, p. 9), quando se refere aos educadores e sábios, alerta para o conteúdo de sua educação, para que ela não seja rasteira e superficial:

> Trabalhamos apenas para encher a memória, e deixamos o entendimento e a consciência vazios. Assim como às vezes as aves vão em busca do grão e o trazem no bico sem o experimentar, para dar o bocado a seus filhotes, assim nossos pedagogos vão catando a ciência nos livros e mal a acomodam na beira dos lábios, para simplesmente vomitá-la e lançá-la ao vento.

Esse alerta é próprio para aqueles que pretendem estabelecer uma capacidade de desenvolver as habilidades racionais nas crianças, pois esta não é feita apenas com quantidade de conteúdo ou com informações ilimitadas, mas com a capacidade de raciocínio sobre os valores dessas informações. Isso leva à compreensão de que a autoridade de um ensinamento deve necessariamente passar por reflexão, tanto dos adultos como das crianças. Nesse sentido, devemos nos habituar a passar em revista tudo aquilo de que nos apropriamos intelectualmente, pois não devemos ter nada em nós que tenha sido imposto por "autoridade ou por confiança". É preciso proporcionar às crianças e aos jovens uma "diversidade de opiniões". Se eles puderem escolher entre uma posição ou outra, escolherão; porém, se não forem capazes, é preferível que permaneçam em dúvida. "Seguros e convictos há apenas os loucos" (Montaigne, 2005, p. 47-48).

O que Montaigne afirma é que, sempre que se aprende algo, fazem-se necessários significados próprios para tais conteúdos, e a autoridade nunca será suficiente para abarcar esse significado. Lipman (1997) já havia afirmado que é preciso descobrir os significados, não meramente aprendê-los. Para isso, é preciso compreender que também as teorias da aprendizagem colaboram para estabelecer certos conceitos fundamentais para o trabalho intelectual com as crianças.

Uma aprendizagem significativa é, certamente, aquela que contribui para o desenvolvimento de ações reflexivas durante o processo de aquisição cognitiva. Se adultos sempre exigem que tudo em sua vida tenha significado e importância, por que seria diferente com as crianças? Não é. Todos nós exigimos que nossos empreendimentos sejam profícuos e tenham sucesso. Com a educação não é diferente. Assim, não basta estabelecer um conteúdo por meio da autoridade (no assunto), é preciso que, no processo cognitivo da aprendizagem do conteúdo, ele mesmo tenha adquirido significância para quem aprende. Precisamos ser persuadidos, mediante esforço intelectual, de que aquele conteúdo tem significação em nossa vida; caso contrário, será mais uma informação inútil. É preciso estabelecer as conexões da aprendizagem com aquilo que já temos como conhecido.

Por **aprendizagem significativa** entende-se aquela na qual a nova informação se relaciona de maneira significativa, isto é, não arbitrária, não ao pé da letra, como os conhecimentos que o aluno já tem, produzindo-se uma transformação, tanto no conteúdo assimilado quanto naquele que o estudante já sabia. No extremo oposto, a **aprendizagem repetitiva** refere-se a situações nas quais simplesmente se estabelecem associações arbitrárias, literais e não substantivas entre os conhecimentos prévios do aluno e o novo conhecimento apresentado. (Martín; Solé, 2004, p. 61, grifo do original)

É nessa perspectiva de aquisição de conhecimentos mais significativa que a filosofia para crianças se instala na escola, por meio de uma disciplina que contribua para o processo de ensino como um todo. A busca por teorias de aprendizagem que também possam estabelecer teorias de ensino é uma constante na psicologia educacional; se os alunos estão contemplados em teorias de aprendizagem, seus professores também devem estar adequadamente instruídos por teorias de ensino semelhantes[1]. Podemos verificar aqui o mesmo problema do programa de Lipman com os professores que ministram o método, pois eles não foram formados pela educação reflexiva, e sim pela tradicional, e então deverão ser treinados para que o fomento ao ensino reflexivo tenha seu curso completo. Ou seja, é preciso um período de adaptação entre alunos e professores, para que ambos tenham a mesma perspectiva educacional. Assim, para que se efetive uma aprendizagem significativa, temos de ter, necessariamente, seu correlato nas teorias de ensino.

---

1 Podemos citar a obra de David P. Ausubel como uma dessas referências: *The Psychology of Meaningful Verbal Learning*. New York: Grune & Stratton, 1963.

Devemos buscar, então, estabelecer um norte na aprendizagem infantil para que a filosofia tenha sua significância no todo da formação escolar. Outras abordagens que podem também contribuir para se pensarem as teorias de ensino são a da aprendizagem por descoberta e a da aprendizagem por recepção. A **aprendizagem por descoberta** é aquela em que o conteúdo não é imediatamente apresentado ao aluno, pois ele mesmo deve descobrir antes de poder assimilar esse conteúdo à estrutura cognitiva. Já a **aprendizagem por recepção** é aquela em que se apresenta o conteúdo ao aluno já na forma final e acabada; não há a exigência de compreensão prévia, ela se dá imediatamente (Martín; Solé, 2004, p. 61).

A perspectiva que encontramos no Programa de Filosofia para Crianças de Lipman é uma mescla de várias teorias, com a tendência de que as teorias de ensino sejam remediadoras, uma vez que os professores não passaram pelos mesmos processos de aprendizagem que os alunos. Podemos compreender que as novelas filosóficas de Lipman tentam fomentar a aprendizagem por descoberta, para que o processo reflexivo seja mais significativo. Entretanto, quando, em sala de aula, as crianças não descobrem o dilema filosófico, os professores entram em cena para ajudar nessa busca. Os procedimentos mencionados por Lipman podem ser interessantes para o processo todo; porém, ele não deixa de acessar a teoria da aprendizagem por descoberta e a teoria da aprendizagem significativa como complementares.

A questão abordada aqui é a da psicologia da educação em sua vertente que exige que teorias de aprendizagem estejam ligadas intrinsecamente a teorias de ensino, até se configurarem em estratégias de ensino[2]. Para muitos, a teoria da assimilação deve identificar-se com algumas condições imprescindíveis para que o aluno possa aprender satisfatoriamente. A primeira é que se deve propor à criança algo significativo do ponto de vista lógico, que tenha uma estrutura interna e que não seja arbitrário. A segunda condição é que o aluno deve contar com conhecimentos prévios capazes de serem introduzidos mediante conexões entre os conteúdos. Ou seja, quando o aluno buscar estabelecer os novos conhecimentos, eles devem fazer parte de uma cadeia significativa, junto ao que já tinha como conhecido e ao que agora se apresenta como novo. Finalmente, é preciso fomentar o querer aprender significativamente. Talvez aqui as conexões com a proposta de Lipman se alternem, pois, para isso, é preciso anunciar um indício de significância ou instaurar uma metodologia que promova esse interesse (Martín; Solé, 2004).

Podemos acrescentar que o programa de Lipman prevê cuidados metodológicos que levam em conta a descoberta e o significado, mas também a correta forma de assimilação dos conteúdos, pois, se isso não for verificado, todo o processo poderá ficar comprometido. Brincar de filosofar poderá ser um "tiro no pé" se houver procedimentos pedagógicos que incutam conteúdos criados de forma artificial, sendo que o acesso ao texto (novelas) e aos conteúdos deveria passar por criteriosa verificação de intenções.

---

2 Podemos citar alguns psicólogos da educação que trabalham com esta temática, como: David Ausubel, Joseph D. Novak e Helen Hanesian em *Psicología educativa: un punto de vista cognoscitivo*. México: Trillas, 1976. (Original em inglês de 1968).

Essa problemática pode ser observada desde a Antiguidade, pois há relatos sobre a forma como se devem introduzir novos conteúdos desde Plutarco, como uma recomendação eminentemente pedagógica. Por isso, devemos ter responsabilidade em relação tanto às teorias de aprendizagem que adotamos como significativas quanto à forma como buscamos desenvolvê-las. Brandão (2002) nos aponta essa preocupação já em Plutarco. Existem diferentes formas de ouvir os poemas, as quais podem produzir efeitos adequados ou não. Nesse sentido, a preocupação é com o inevitável. Se os jovens terão contato com algo da vida cotidiana, os educadores devem ter a preocupação de que eles saibam interpretar corretamente seus conteúdos, ou seja, que a poesia e tudo com que tenham contato também possam "desempenhar uma função efetivamente pedagógica". Nesse sentido, a prática do ouvir poemas ou textos não desqualifica a necessidade da leitura como forma de se ter acesso ao conteúdo, porém é preciso que haja distinção entre essas duas formas de compreensão: "Não se deve perder de vista que a referência preferencial à audição só reforça o caráter pedagógico do texto, pois o primeiro contato do jovem com os poetas, na escola, dava-se mais através do ouvido que dos olhos" (Ferreira, 2002, p. 199).

A métrica que Lipman aborda é a de ouvir e ler as novelas filosóficas buscando-se nelas uma problematização capaz de fomentar descobertas e significação para as crianças. Todavia, como já mencionado, há técnicas alusivas ao professor para que, em caso negativo, ele mesmo indique ou problematize a situação. Com isso, a relação entre a aprendizagem infantil e a filosofia fica circunscrita, também, à compreensão dessas teorias da aprendizagem que a própria escolarização adota como procedimento. A filosofia, então, como disciplina escolar, contribuiria para que as conexões entre os conteúdos não apenas façam sentido para a criança, mas também possam colaborar para que os significados surjam de descobertas fomentadas por problematizações filosóficas. Ou seja, a reflexão sobre os conteúdos e seus problemas seriam o centro das atenções dos professores.

Outro traço inerente à aprendizagem são as questões relativas à inteligência, à linguagem e à sociabilidade que as crianças têm para serem solidárias umas com as outras. Como comenta Ferry (2011), a liberdade parece ser determinante nos humanos que constroem as relações baseadas no amor. Mesmo que se encontrem no mundo animal exemplos de amor e aprendizagem, segundo o autor, há um dado que nos diz o contrário: apenas os humanos têm a necessidade de partilhar suas descobertas. Até os mais renomados especialistas em primatas concordam que há capacidade de se aprender linguagem, mas não com a finalidade de ser solidário com o que descobriu. Isso faz parte apenas da esfera humana. Mesmo com o exemplo de Kanzi, uma fêmea de bonobo[3] célebre na esfera de pesquisas dos primatólogos, que aprendeu quase 150 sinais, não se pode comprovar que ela mesma é solidária com outros da espécie em termos de ensino dos sinais. Por quê? Apenas os humanos são capazes de agir voluntariamente, por meio de atos gratuitos, que se abrem para o outro, o que na criança é uma manifestação de sua capacidade de amar. Segundo Ferry (2011, p. 281), o especialista em primatas Jacques Vauclair afirma que há uma limitação nos animais quanto a ver o outro como

---

3 De acordo com pesquisa de Savage-Rumbaugh, comentada por Ferry (2011), bonobo é uma espécie de primata não humano que participa de pesquisas de comportamento e linguagem de sinais. Essa espécie parece responder melhor que os chipanzés aos símbolos do quadro eletrônico e compreender melhor a linguagem falada.

uma possibilidade de vir a ser. Só os humanos parecem ter intenções e interesse de compartilhamento de experiências e conhecimentos.

Na verdade, isso significa que, mesmo encontrando, no mundo animal, capacidades de comunicação e linguagem similares às humanas, os animais nunca apresentaram uma capacidade de descentramento suficiente para compreender os outros. Essa habilidade humana está diretamente ligada à liberdade, uma capacidade de se afastar de si mesmo, de não se render às necessidades vinculadas às necessidades prementes. Assim, a criança, com o desenvolvimento da linguagem e da comunicação de suas descobertas e experiências, é solidária em partilhar suas conquistas, justamente porque suas relações são baseadas em reciprocidade (Ferry, 2011).

Nesse sentido, quando as crianças iniciam as primeiras interações, na troca de experiências com os pais, ou mesmo já um pouco maiores, na escola, apresentam a intencionalidade de partilhar suas aquisições. Isso é um indício forte de que estão preparadas para lidar com a possibilidade de sacrificar o particular pelo universal, o que, certamente, levaria a compreender que as ideias de moralidade, respeito e solidariedade fazem parte dos processos de partilha social.

A curiosidade sobre esse assunto é pertinente quando nos deparamos com questões sobre como os professores podem proceder para sensibilizar os alunos para a atividade em questão ou como se pode aliar a aprendizagem infantil na disciplina proposta como filosofia para crianças. Essa relação parece estar delimitada desde sua origem, pois as crianças já estão preparadas para experiências colaborativas.

Qual é a relação da aprendizagem infantil com a filosofia no ensino fundamental? É certo que as relações são fruto das interpelações dos conteúdos, pois, em muitos casos, eles são introduzidos ou apresentados às crianças como verdades. A filosofia pode contribuir para ajustar as condutas dessas "verdades" que, por vezes, parecem eternas na educação. Alguns conteúdos podem, e devem, ser questionados, pois podem ser apenas parcialidades ou meras interpretações da realidade. Ora, se as crianças são a novidade do pensamento, elas poderão fazer novas intepretações que ainda não foram pensadas ou experimentadas. Se pudermos estabelecer uma relativa estrutura na escola, de colaborações entre os professores e seus conteúdos, poderemos fazer da experiência reflexiva uma das grandes descobertas educativas.

Sempre se deseja que o processo educativo seja reflexivo, mas o que encontramos efetivamente são profissionais preocupados com seus conteúdos, seus materiais didáticos, seus objetivos didáticos. Em quase todas as escolas, os desencontros são grandes, por diferentes motivos – organizacionais, de formação ou mesmo de capacidade –, mas em todas encontramos crianças capazes de realizar experiências educativas que façam a diferença não apenas para elas mesmas, mas também para aqueles que partilham com elas esse espaço interessante de socialização. A filosofia vem para a escola, principalmente no ensino fundamental, para aumentar essa partilha de conhecimento. A metodologia e os materiais certamente terão de ser diferenciados daqueles utilizados por jovens e adultos (talvez também devamos repensar o que fazemos nas universidades); mas há nas novelas, nos mitos, nas histórias infantis ou nos textos literários um ponto de partida para uma reflexão filosófica autêntica, na qual a experiência de aprendizagem é muito mais significativa para todo o processo escolar e de crescimento da criança e do jovem.

Muitos diriam que essa proposta está imbuída de similaridades com a educação construtivista, que foi largamente difundida nos últimos 30 anos no mundo inteiro (sempre em correspondência com a educação tradicional). Especialmente no Brasil, ela adquiriu grande notoriedade; porém, nem todos os que dizem que a adotam sabem exatamente quais são seus fundamentos. Para sermos breves e simples nessa questão, abordaremos o conceito de construtivismo mais *lato* (especialistas da academia o tornaram *stricto* rapidamente):

> Basicamente se pode dizer que é a ideia que sustenta que o indivíduo – tanto nos aspectos cognitivos e sociais do comportamento como nos afetivos – não é um mero produto do ambiente nem o simples resultado de suas disposições internas, mas, sim, uma interação entre esses dois fatores. Em consequência, segundo a posição construtivista, o conhecimento não é uma mera cópia da realidade, mas sim uma **construção** do ser humano. Com que instrumentos a pessoa realiza tal construção? Fundamentalmente com os **esquemas** que já possui, isto é, com o que já construiu em sua relação com o meio que a rodeia. (Carretero, 2002, p. 10, grifo do original)

Obviedades à parte, certamente podemos compreender que o aspecto construtivista está na escola e busca forjar o conhecimento a partir de dois âmbitos, a saber, o individual e o ambiental. Contudo, a educação filosófica busca transformar essas experiências em pontos de reflexão capazes de introduzir a necessidade do questionamento sobre aquilo que já temos como consolidado e sabido, para tornar nossas impressões sobre o mundo em certezas de fato, respostas firmes baseadas em uma reflexão disciplinada e profunda da realidade.

A contribuição da filosofia para a aprendizagem em geral é o fato de não tornar esta uma mera repetição do senso comum, mas o ponto fundante de um conhecimento significativo para a vida de cada indivíduo. Construir, então, um percurso na educação que seja realmente filosófico é o grande desafio da escolarização, pois a facilidade de termos à mão recursos tradicionais é uma tentação inocente. Consideramos inocente porque é infantil querer a facilitação de todo o processo e não querer investir tempo na reflexão e na construção de caminhos mais significativos por conta do tempo, da rapidez ou da preguiça.

Síntese

Neste capítulo, abordamos as questões sobre a aprendizagem infantil com base no ponto de vista da filosofia para crianças. Considerando-se a história do pensamento humano sobre o conceito de infância no decorrer dos séculos, apresentamos um marco histórico da mudança de perspectivas sobre a infância do século XVIII. As concepções de Plutarco, de Rousseau e de Kant são clássicas na discussão sobre o conceito de infância e a aprendizagem infantil. Analisamos as modificações desse conceito no decorrer do século XX e sua ligação com teorias pedagógicas e de formação profissional. Vimos, ainda, a importância da compreensão da relação entre a aprendizagem infantil e a filosofia. Podemos afirmar, assim, que a forma reflexiva de ensinar requer tempo de preparação, adaptação e criação.

Indicações culturais

É possível buscarmos um aprofundamento nas questões abordadas neste terceiro capítulo. Para que a reflexão sobre a aprendizagem infantil possa se alargar e envolver outras perspectivas, sugerimos as seguintes leituras.

SOARES, C. **Crianças e jovens nas vidas de Plutarco**. Coimbra: Ed. do Centro de Estudos Clássicos e Humanísticos da Universidade de Coimbra, 2011. (Autores Gregos e Latinos – Série Ensaios).

Esse texto traz importantes informações sobre a compreensão de Plutarco em relação às crianças e aos jovens na Antiguidade. Sua perspectiva nos faz compreender o quão longo foi o caminho até a conceituação de infância e educação que temos hoje.

PLUTARCO. **Da educação das crianças**. Tradução de Joaquim Pinheiro. Coimbra: Ed. do Centro de Estudos Clássicos e Humanísticos da Universidade de Coimbra, 2008.

Essa tradução de Joaquim Pinheiro nos oferece um importante relato educacional, em forma de sugestão a pais e educadores. É obra fundamental para os estudiosos da educação na Antiguidade, mas também contribui para as reflexões educacionais de todos os tempos. É importante ressaltarmos que Plutarco foi uma referência em teorias pedagógicas até o século XIX. Devemos muito a esse importante pensador.

FERREIRA, J. R. (Coord.). **Plutarco**: educador da Europa. Actas do Congresso. Porto: Fundação Eng. António de Almeida, 2002.

Essa é uma obra de múltiplas facetas, pois, como tem sua origem no congresso sobre Plutarco realizado em 1999, em Coimbra, apresenta inúmeras perspectivas sobre o autor. É ideal para a complementação de leituras sobre o pensador.

COLL, C. et al. **Desenvolvimento psicológico e educação**: psicologia da educação escolar. 2. ed. Tradução de Fátima Murad. Porto Alegre, Artmed, 2004. v. 2. (Biblioteca Artmed).

Esse texto apresenta uma grande discussão sobre a perspectiva da psicologia da educação. Pode ser um importante recurso para a compreensão de como os processos de aprendizagem e ensino se influenciam, bem como sobre como se deve encarar a difícil arte de ensinar algo a alguém sobre o ponto de vista das relações efetivas.

BARROS, M. de. **Poesia completa**. São Paulo: Leya, 2013.

Os poemas versam sobre a infância e sobre como a criança percebe o mundo. São uma perspectiva interessante sobre como a imaginação pode responder de forma adequada a algumas indagações infantis.

Atividades de autoavaliação

1. Assinale V para as alternativas verdadeiras e F para as alternativas falsas:

    ( ) Nascemos sensíveis e, desde o nascimento, somos afetados de diversas maneiras pelos objetos que nos cercam; é dessa forma que adquirimos a consciência de nossas sensações.

    ( ) Na Antiguidade, em alguns lugares, o nascido não tinha necessariamente um estatuto de criança; assim, era possível eliminar uma criança com defeitos físicos.

    ( ) Na Antiguidade, as concepções de infância giravam em torno da certeza de que as crianças já estão em ato e que a educação apenas vai transformá-la em adultos virtuosos.

( ) O crescimento é uma experiência da qual nenhum de nós se furta, pois, desde a infância, considerada como um tempo na mesma medida que um poder, vemos a necessidade de perceber que é por meio dela que se constitui o porvir.

( ) Segundo Walter Kohan, a infância é uma etapa da vida ligada a um começo e, se não for bem vivida, não faz sentido quando se chega à vida adulta, pois, se foi um tempo ruim, não devemos nada a ela e, se foi um tempo bom, apenas seguimos nossos desejos.

2. Quando pensamos em filosofia como disciplina escolar e em seus objetivos, podemos compreender que:

a) todos os lógicos concordam sobre o que significa ser racional, "uma vez que a racionalidade é o objetivo primordial da educação reflexiva" (Lipman, 1990, p. 112).

b) todos os pedagogos estão conscientes do papel determinante que têm na construção filosófica de seus alunos.

c) todos os professores de filosofia já estão capacitados para discutir com crianças, pois as universidades os formam para serem filósofos.

d) existem habilidades que não podem ser desenvolvidas, pois as crianças não estão preparadas biologicamente para isso.

3. Assinale V para as alternativas verdadeiras e F para as falsas:

( ) A liberdade deve presidir sobre todo o processo de aprendizagem, no qual a pedagogia montaigniana subverte o papel das figuras de autoridade.

( ) Há discordância sobre o que as crianças precisam aprender, pois nem todos os valores caros à maioria devem ser objeto de ensino. É preciso apenas inculcar coisas na cabeça das crianças, não capacidades.

( ) O fazer filosofia exige conversação, diálogo e comunidade, que não são compatíveis com o que se requer na sala de aula tradicional.

( ) Uma aprendizagem significativa é, certamente, aquela que contribui para o desenvolvimento de ações reflexivas durante o processo de aquisição cognitiva.

( ) Para Lipman, fazer filosofia significa praticar o "pensar excelente" ou o "pensar de ordem superior", o que, em última instância, significa pensar em conformidade com as regras da lógica formal.

4. Desenvolver a disciplina de filosofia para crianças na escola promove melhor educação?

a) Não, pois essa disciplina está muito aquém do que precisamos em termos de eficiência em educação.

b) Sim, porque essa disciplina inculcará regras de conduta bem definidas e, assim, teremos crianças obedientes.

c) Não, porque essa disciplina não apresenta conteúdo definido, portanto não serve para uma educação eficiente.

d) Sim, porque ela introduzirá a reflexão como sua principal metodologia, e uma educação reflexiva será sempre uma educação eficiente para todos.

5. O pensamento filosófico foi se constituindo como uma atividade que objetivava a felicidade, porque:
a) é da natureza humana e todo ser humano pode comprá-la.
b) não é da natureza humana, mas a felicidade pode ser ensinada.
c) é da natureza humana, pois todo ser humano tem desejo de felicidade.
d) não é da natureza humana e filosofar não adianta, pois, como afirma Epicuro, às vezes é tarde para ser feliz.

Atividades de aprendizagem

Questões para reflexão

1. Como você descreveria o processo educacional ao qual foi submetido em seu percurso escolar?

2. Qual seria o fundamento para uma educação reflexiva?

3. Como é possível discutir e problematizar com crianças se nem os adultos fazem isso frequentemente?

4. Qual seria o grau de liberdade que precisaríamos atingir para podermos falar e discutir assuntos que geram conflitos?

5. Como é possível perceber a temporalidade hoje em dia se temos cada vez mais coisas a fazer, ler e compreender?

Atividade aplicada: prática

Produza um texto sobre a história do conceito de infância, desde a Antiguidade até os dias de hoje. Durante o desenvolvimento do texto, busque tecer comentários pessoais, ou seja, exponha também seu ponto de vista sobre o assunto.

IV

Filosofia e conhecimento
crítico e criativo

A construção do conhecimento revela como nossa relação com o mundo se constitui. Por vezes o conhecimento é analítico, por vezes é múltiplo e diverso, mas, de qualquer forma, é nossa percepção de mundo. Ele se constrói nessa relação intrínseca com a percepção do que está ao nosso redor, e isso faz que possamos ter confiança na criticidade para encarar os desafios que nos são apresentados. Da mesma maneira, o pensamento criativo auxilia na percepção de mundo e na solução de problemas. Assim, a filosofia contribui para o desenvolvimento destas duas capacidades humanas: ser criativo e ser crítico diante das situações cotidianas. Para esclarecermos melhor como podemos buscar essa aprendizagem tão significativa, apresentamos o método filosófico como condição necessária para a criticidade e para a criatividade.

4.1 O pensamento filosófico é crítico?

O pensamento filosófico está atrelado a uma percepção mais crítica do mundo, pois não se contenta com o que está posto. É preciso verificar sua autenticidade, seu valor e sua correção. Assim, a proposta de filosofia para crianças também busca desenvolver o pensamento crítico na criança. Quando ela lança um olhar autêntico sobre a realidade, também imprime um olhar criterioso e criativo, que é todo seu. Por meio da modernidade, a criticidade na filosofia se intensificou, com Immanuel Kant, David Hume e John Locke. As insistentes investigações acerca do entendimento humano fomentam uma nova forma de se colocar diante do mundo. É a modernidade que nos brinda com uma nova forma de fazer filosofia, por meio da crítica. Esta não se configura apenas como análise simplória do que é posto, mas também como um processo que investiga como é possível interpretar o mundo de forma mais autêntica e distante dos dogmatismos. É inspirado nesses auspícios da modernidade que Lipman busca desenvolver sua proposta educacional.

> Sob a bandeira de "pensamento crítico", um frenesi de esforços bem-intencionados começou a se fazer sentir nos círculos educacionais. Em meio à proliferação de artigos sobre o assunto, encontramos alguns estudos de maior alcance que buscam avaliar quanto o pensamento crítico pode servir como meio para atingir metas educacionais desejáveis, ainda que mais gerais. (Lipman, 1990, p. 56)

Essas metas foram largamente propagadas nos anos 1990 e 2000 no Brasil, pois enfatizar a educação como um processo para aquisição de criticidade diante do mundo, nesses anos, parecia uma meta vanguardista. Mas, na verdade, o que se quer dizer com *pensamento crítico*? Filosoficamente, podemos afirmar que é um pensamento cuidadoso, que eleva as noções gerais a um patamar em que podem ser analisadas, valoradas e categorizadas. Tal pensamento requer o desenvolvimento de habilidades genéricas mediante aprendizado humano, pois precisa ser contundente, e isso interessa às metas educativas em geral. Com o objetivo de promover um pensamento crítico, a "filosofia que vai à escola", no ensino fundamental, promete cumprir as metas de uma educação efetiva pela criticidade. Mas, para que isso ocorra, temos de compreender que a aquisição de habilidades vem da vontade de fazer da melhor maneira, não sendo válido desejar apenas o fim a que se propõe, mas também os meios. Todo programa educativo tem um fim educacional, e a finalidade de qualquer proposta dessa natureza está primeiramente ligada à cultura à qual responde. Mesmo se a meta educativa for produzir cidadãos críticos, ela responde, sempre, a um anseio do momento. Como compreender o que é crítico fora das questões da moda? Como interpretar essa criticidade para além dela mesma na educação infantil? Certamente, são questões difíceis de se limitar, mas sempre podemos lançar olhares luminosos e esclarecedores sobre elas, à medida que nos colocamos na reflexão.

Lipman é bastante claro quando busca diagnosticar os sistemas escolares como os provocadores da apatia e do aborrecimento das crianças no 5º. ano escolar. É a forma como tratamos o currículo escolar que não tem mais sentido. Tudo o que era interessante, instigante e "vivo" nos primeiros anos escolares parece ser amortecido em pujança a partir desse período. As disciplinas são seccionadas, os professores se alternam e parecem não se conhecer. O que diríamos sobre seus métodos de ensino, então? A criança busca um sentido para seu cotidiano escolar, busca respostas e quer significados para o que está fazendo no dia a dia da escola. Parece que fomentar o pensamento crítico vai tirá-la dessa apatia, pois pensar é uma atividade estimulante e excitante. Quando estamos pensando, envolvemo-nos com as cadeias de razões, que podem ser cada vez mais complexas e animadas; mas, para isso, é preciso contar com habilidades e procedimentos básicos.

Nesse sentido, podemos compreender que, quando estamos ativos e envolvidos em uma discussão, não conseguimos separar os processos de pensamento em que estamos imersos, pois nossa capacidade mental se movimenta de forma rápida e sequencial. No entanto, há pensamentos que acompanham nossas atividades corporais. "O pensamento que acompanha o despedir-se de um amigo ou o desligar um chuveiro está tão misturado com a ação e caminha tão rápido que não podemos isolá-lo, a não ser, talvez, como um borrão". O que queremos pontuar é que, para se pensar criticamente, é preciso tornar o corpo calmo, relaxado, parado. O pensamento oriundo desse estado é "bastante atípico. Representa um pensamento que se movimenta a passos lentos e pesados, tão lentamente que, na verdade, podemos visualizar os pensamentos individuais" (Lipman, 1997, p. 33).

Esse tipo de pensamento não é o corriqueiro e está associado a uma atividade que se precisa aprender: o "pensar melhor". O pensamento criterioso é o pensamento crítico, pois é o pensamento pensado quando se pensa. Tal atividade, própria da filosofia, é a meta educativa para todas as fases escolares, mas é uma exigência apenas nas últimas (ensino médio e ensino superior). Normalmente, nas primeiras fases da escolarização, as crianças são estimuladas pela profusão de possibilidades que lhes apresentamos, mas, aos poucos, essa quantidade de novidades vai esmorecendo e resta a informação a ser memorizada.

Aprimoramos a arte da explicação à medida que as séries escolares ascendem para fases mais intermediárias e avançadas.

O pensamento crítico se desenvolve por meio de uma proposta baseada em habilidades mentais capazes de dar conta da interpretação sobre o mundo. Muito já se discutiu sobre tal posição, pois as ideologias sempre estiveram ao lado dessas propostas (educação emancipadora, educação crítica, educação popular, educação para a diversidade etc.) – inculcar algo para parecer crítico. Longe dessas tendências diretivas, temos de lembrar que pensar criticamente compreende uma capacidade de análise profunda da questão, bem como a proposição de alternativas, pois o pensamento crítico também se transforma em pensamento criativo. Dar soluções, eis a questão! Quando Lipman apresenta a necessidade do aquietamento do corpo para que possamos pensar o pensamento, está se referindo à comunidade de investigação da sala de aula, capaz de se propor a analisar questões com afinco e profundidade, além de buscar exemplos e contraexemplos para sustentar as mais diversas posições (Lipman, 1997).

No processo de investigação, os diferentes membros da comunidade de investigação têm de exercer as habilidades de pensamento que Lipman elenca em seu programa, ou seja, devem ser capazes de explicar sua posição, sustentá-la por meio de exemplos e contrapor outros, se necessário. Nessa técnica, precisamos ter em mente que é possível que a explicação tome diversos aspectos. Partindo da perspectiva de Kohan (2004, p. 188) de que "a explicação é a 'arte da distância' entre o aprendiz e a matéria a aprender, entre o aprender e o compreender", o que se faz quando se explica algo é buscar diminuir as inconsistências e imprecisões da interpretação dos participantes da comunidade. Com isso, devemos considerar que a explicação será uma das habilidades a serem desenvolvidas coletivamente, pois dependerá da compreensão precisa dos outros sobre o assunto exposto. O pensamento filosófico sempre busca expor inconsistências e imprecisões quando analisa algo, pois esse é o fator que favorece a compreensão do todo. Assim, a proposta de desenvolvimento do pensamento crítico por meio da disciplina de filosofia no ensino fundamental tem em vista também o aprimoramento e o desenvolvimento das explicações lógicas para os temas abordados.

Precisamos estar cientes de que muitas explicações "lógicas" podem levar a problemas conceituais, pois, mesmo que busquemos explicar de diferentes maneiras um mesmo tema, podemos incorrer em imprecisões e erros. Por isso, Lipman salienta a necessidade de ensinar racionalidade como pressuposto do pensar crítico. Na escola, há uma disputa entre os defensores do desenvolvimento do pensamento crítico em todas as disciplinas escolares e os defensores de que ele deve ser trabalhado em uma disciplina autônoma, como a filosofia. Na verdade, dificilmente será possível defender cada um dos lados pelo simples fato de que é um problema que remonta à origem da própria escolarização (Lipman, 1990, p. 56). Portanto, deixemos isso de lado.

Para responder à questão inicial, seguiremos adotando a posição de que a filosofia no ensino fundamental tem esta função: desenvolver o pensamento crítico, ou melhor, o pensamento cuidadoso, criterioso, uma forma de proceder intelectualmente que manifeste toda a racionalidade humana, capaz de agir após a deliberação, ter consciência do outro como participante de uma comunidade investigativa (um membro, tal como eu), saber que as posições nem sempre serão convergentes, levar em conta a diversidade de opiniões, pensar com racionalidade para pensar melhor. Essa concepção de pensamento crítico é suficiente para o trabalho com filosofia no ensino fundamental, porque leva em conta o mecanismo pelo qual se adquirem as capacidades de fazer inferências e demonstrações e de dar exemplos possíveis de serem demonstrados por meio da lógica, da linguagem ordenada e da criatividade que emana das deliberações em grupo.

4.2 Do conhecimento crítico ao pensamento cuidadoso

Fundamentando-nos no entendimento daquilo que devemos proporcionar às crianças quando falamos em pensamento crítico, que é possibilitar o uso de suas habilidades cognitivas para inferir sobre o mundo, devemos desenvolver suas habilidades discursivas para melhor expressarem seu pensamento. Temos de considerar que é possível expandir esse conceito para abarcar a criatividade, que emana da criticidade. Quando busca soluções, o pensamento cuidadoso busca, também, qualidade e quantidade de melhores posições na vida. Assim, podemos levar em conta que o pensamento cuidadoso é um pensamento que cuida, valoriza, é afetivo e empático, ao mesmo tempo que se desenvolve nos atos mentais. Como afirma Sharp (2004, p. 121), a nomenclatura do "pensamento que cuida" nos faz parar para refletir, pois não é tão comum na linguagem educacional como o pensamento crítico e criativo. Essa parada nos faz verificar que o pensamento cuidadoso também é um pensamento ética, afetiva, normativa e valorativamente estruturado, pois considera o meio no qual se está imerso. "Em sentido real, o que nos importa e aquilo de que cuidamos se manifesta em como agimos, participamos, construímos, contribuímos e em como nos relacionamos com os outros". Na verdade, é a expressão desse "pensamento que revela nossos ideais", a validade de algo "pelo qual estamos dispostos a lutar e sofrer". Em síntese, "o pensamento que cuida sugere certa perspectiva sobre o que significa ser uma pessoa e um processo pedagógico. Ele também sugere um ambiente específico para o cultivo desse tipo de pensamento" (Sharp, 2004, p. 122). Certamente, não podemos proceder dessa forma em um ambiente avesso à liberdade de expressão e aos tratamentos democráticos dos conteúdos; por isso, quando ocorre em sala de aula, ela mesma deve ser transformada em comunidade de investigação.

Nesse sentido, o pensamento cuidadoso cuida de algo que é valioso para nós na condição de comunidade, de algo que afetiva e eticamente buscamos expressar com o pensamento, para que sejamos conhecidos por ela e para percebermos que somos partícipes de uma sociedade que expressa esses valores. O que realmente nos importa? O que realmente valorizamos? É aquilo de que cuidamos. Se essa experiência do pensamento que cuida tem de estar imersa nos processos democráticos da comunidade de investigação, é nessa mesma comunidade que vou expor o meu "eu". O pensamento que cuida, então, é aquele que proporciona as relações de amizade, compromisso, compaixão e ternura pela aproximação dos "eus" na comunidade de investigação.

Uma comunidade de investigação debate sobre assuntos comuns, questões problemáticas para todos que deverão construir suas ideias por meio de exemplos e contraexemplos, sustentando-os com argumentos logicamente ordenados e inferindo sobre os valores que estão em discussão. Tais procedimentos requerem empatia, assentimento e compaixão para que seja possível dar atenção a todas as ideias que surgem, verificá-las e construir significados que sejam valorizados por todos os membros do grupo. Certamente, os significados são construídos cooperativamente e dão conta, ao menos no momento, dos anseios sobre o assunto em questão. A experiência da comunidade é sempre profícua, pois é democrática e linear; nela, professores e alunos participam da investigação na mesma medida e buscam a mesma racionalidade em suas explicações e elucubrações. Se todos têm um mesmo cuidado, o grupo mantém uma relação de companheirismo no processo investigativo, pois todos têm em comum a perspectiva ética, a norma e o valor que estão sendo discutidos.

A comunidade de investigação que adota o pensamento que cuida provoca a participação, inevitavelmente, porque "se cuido, sou ativo". Assim, "cuidar é o oposto de ser apático, indiferente. O cuidado é a fonte da amizade, do amor, do entendimento interpessoal, do compromisso, da ternura e compaixão humanas" (Sharp, 2004, p. 123). Nesse sentido, o cuidado se expande em relação a sua acepção original e se transforma em ação no pensamento; proporciona o desenvolvimento da vontade, uma intencionalidade de ação – não é um simples querer. A vontade humana é educada, cuidada para que se estenda à eticidade e forje um "homem humano".

Podemos compreender esse alargamento da concepção de pensamento que cuida por meio da concepção de ética do cuidado ou solicitude (*ethic of care*), que, como toda teoria ética, também acarreta fundamentação para outras áreas, como a da educação. *Care* foge das estruturas de pensamento binárias, pois vai além delas, evocando outros conceitos que devem complementar o pensamento ético que o envolve. Dessa forma, falar em cuidado ou solicitude imprime na *ethic of care* um peso de ética fundante de princípios que alargam a ação humana. Solicitude não significa apenas "afã ou empenho em atingir um objetivo; desejo de atender alguma solicitação da melhor forma possível; boa vontade; zelo de prestar assistência, desvelo; dedicação; atenção, delicadeza e consideração" (Ferreira, 1999); seu sentido adquire dimensões que vão além do simples cuidado com o outro. *Care* adquire sentidos político, social e educacional. Assim, a *ethic of care* se desenvolve na perspectiva de buscar alternativas éticas capazes de ser referência para ações, tendo em vista submeter decisões não apenas à viabilidade e à razoabilidade, mas também considerando as emoções. Sharp (2004) menciona essas emoções em sua proposta do pensamento que cuida, um pensamento que leva em conta as concepções de empatia, compaixão e gentileza dos humanos. Na verdade, temos de considerar que as decisões não são tomadas apenas pelos princípios da razão, mas também estão imersas nas emoções e nos sentimentos que a completam e justificam, sendo influenciadas por eles.

Muitos poderiam contrapor-se a essa posição ética fundamentada no pensamento que cuida, ou melhor, na teoria de *ethic of care*. Porém, a pura racionalização é difícil de ser sustentada como princípio quando falamos de crianças. Parece que essa teoria fundamental do cuidado com o outro abre espaço para pensarmos em uma educação mais solidária. Sharp (2004) se inspira em Martin Heidegger para sustentar que a possibilidade de tornar o cuidado um princípio de ação está relacionado ao tempo, à capacidade única de os humanos se saberem temporais, finitos, pois apenas nós, humanos, temos a consciência da finitude, por isso podemos nos dedicar ao cuidado. Quem cuida sempre o faz para um objeto, ou seja, cuidar é cuidar de algo. Há uma intencionalidade nessa ação, e entendemos que temos de, necessariamente, fazer algo a respeito da situação de cuidado. É por isso que a afirmação de que o cuidado também é uma espécie de julgamento é válida – não cuidamos de nada que não avaliamos como viável, justo ou obrigatório. Ao cuidarmos de algo, julgamos que seja valioso para nós. "É nesse ponto que o nosso cuidado reúne o nosso amor e a nossa vontade" (Sharp, 2004, p. 125).

Sharp (2004) avalia que o pensamento crítico que nos dispomos a desenvolver nas crianças quando propomos o filosofar está aquém do pensamento que cuida, pois este parece ser mais alargado em termos de abrangência humana. Realmente, podemos pensar que é uma disposição mais visceral para estabelecer os alicerces de uma comunidade de investigação, pois considera não apenas a razoabilidade e a justificativa lógica dos argumentos, mas também as motivações e a importância que a comunidade dará para o problema que está sendo discutido. Essa importância será levada em conta no estabelecimento de afinidades entre os membros do grupo, que se conhecerão, estabelecerão normativas comuns e aprimorarão o respeito ao outro, ao diferente e àquele que não está inteiramente de acordo com suas justificativas.

> Repito então, o cuidado é um tipo de intencionalidade. Se eu cuido, eu tenho a capacidade de querer bem ao outro, de cuidar dele, de dar atenção, de cultivar, de ajudar algo ou alguém a crescer. Se os professores não cuidam dos estudantes, não ocorrerá muito crescimento educacional. Ao invés disso, um certo vazio e uma ausência de sentido por parte de ambos, crianças e professores, é quase uma certeza. Esta ausência de sentido não será curada através da introdução de mais habilidades de pensamento. É duvidoso que a racionalidade por si só possa em algum momento aliviar o medo ou a ansiedade e o desespero eventual que vêm quando me dou

conta de que há pouco ou nada com que me importo e do qual cuido. (Sharp, 2004, p. 127)

Nesse sentido, proporcionar um pensamento que cuida, na comunidade de investigação, é conceber crescimento humano, tornar alguém capaz de fazer boas escolhas na vida, de agir com cautela diante de si e dos outros, simplesmente porque é cuidadoso, capaz de aprender a ser cuidadoso no interior da comunidade. Essa perspectiva é interessante de ser abordada, pois será ela que conduzirá os trabalhos de discussão de dilemas filosóficos. Conforme já mencionamos, eles não são particulares, têm uma acepção universal com a qual todos os membros concordam, tanto em relação a sua importância como quanto a seu valor.

4.3 Ter ideias, ser criativo e o método filosofante

O que significa ter ideias criativas? Qual é relação da criatividade com a filosofia? Poderíamos responder a essas e outras questões simplesmente afirmando que é próprio da filosofia fomentar a criatividade, pois ela é uma arte, em sentido amplo. Mas o que queremos realmente discutir é como essa abordagem ou exigência de fomento à criatividade recai sobre a proposta de filosofar com crianças. Como podemos proporcionar isso a elas? Estabelecendo os princípios pelos quais nossa atividade filosofante vai trilhar.

Inicialmente, temos de considerar que o filosofar é uma atividade na qual nos deleitamos, ou seja, ele nos leva a desejar, por prazer, ele mesmo. Assim, em uma arte que é prazerosa, sentimos gosto por praticá-la e, ao praticá-la, tornamo-nos cada vez melhores. Podemos produzir, por meio de nossa arte, obras de arte que serão partilhadas com a comunidade de investigação; contudo, temos de ter presente que o "ideal orientador do empenho filosófico é racionalidade ou racionalidade criteriosa, mesmo onde o objetivo seja o de encontrar os limites da racionalidade". Nesse caso, precisamos ter consciência de que o filosofar busca estabelecer normas para fazer, dizer e agir. Na verdade, precisamos refletir sobre a capacidade das crianças de reagirem adequadamente a esse comportamento filosófico que alegamos que elas apresentam. Segundo Lipman, esse comportamento é apenas um acompanhamento natural do que ocorre com as crianças, porém de "forma rudimentária e que precisa ser fortalecida", mediante "intervenções educacionais cuidadosas, específicas e deliberadas" (Lipman, 1990, p. 196-197). Na verdade, temos de avaliar, a todo momento, o processo, pois podemos acabar percebendo que o que as crianças apresentam como resultado de suas conclusões filosóficas é o resultado de uma educação esmerada, dentro de princípios educacionais que levam em conta todas as capacidades intelectuais e emocionais da criança e que não correspondem inteiramente à educação filosófica.

Precisamente, precisamos definir qual é o trabalho filosófico envolvido nessa atividade com crianças, pois será a partir dele que definiremos e poderemos avaliar os resultados. Mas como podemos avaliar se uma criança apresenta, ou não, um comportamento filosófico? Assim como o comportamento artístico não é o mesmo que a obra de arte, o comportamento filosófico não é o mesmo que a própria filosofia. Assim, quando na comunidade de investigação estabelecemos certos comportamentos adequados para a discussão, queremos dizer que as crianças estão submetidas a um comportamento cuidadoso, criterioso e criativo, pois fomenta um produto totalmente novo. Nem Lipman nem nós advogamos a ideia de fomentar inovações comportamentais ou discutir novas formas de comportamentos convencionados. O que buscamos discutir é a possibilidade de apresentarmos comportamentos filosóficos, artísticos ou atléticos sem sermos necessariamente filósofos, artistas ou atletas. É uma forma de pensar e agir que está em discussão. "Há uma diferença entre nossa abordagem de alguma coisa e a própria coisa, diferença que corresponde à diferença entre método e assunto, pois podemos empregar diferentes métodos no mesmo assunto ou o mesmo método em assuntos diferentes" (Lipman, 1990, p. 198). Assim, está claro que podemos apresentar comportamentos que não fazem parte de nós, como uma representação. Nesse sentido, temos presente que as crianças podem simplesmente "imitar um comportamento filosófico sem de fato se envolverem nele, do mesmo modo que uma criança poderia [apresentar-se] com roupas de adultos sem desse modo tornar-se um adulto" (Lipman, 1990, p. 199).

O que se quer precisar é como o método filosofante pode realmente envolver a criança, de forma a fazer que não apenas pareça ter um comportamento filosófico, mas tenha, de fato, esse comportamento nas distintas ações e reflexões de sua vida. Para isso, precisamos observar como a criança se comporta fora da comunidade de investigação, ou seja, nas outras atividades da escola, na hora do recreio, nas aulas de Educação Física e nas ações cotidianas. Assim, perceberemos se é apenas um simulacro de comportamento que verificamos no interior da comunidade de investigação ou se a criança está de fato adquirindo o comportamento reflexivo, típico do pensamento que cuida.

Portanto, as ideias criativas que pudermos verificar dentro das pesquisas comuns da comunidade deverão ser também correlacionadas ao comportamento em geral das crianças, pois só assim poderemos avaliar se o trabalho filosófico feito com elas está tendo o efeito e o impacto educacional que esperamos. Mas, para isso, é preciso estabelecermos a compreensão do que sejam boas razões. Na perspectiva de Lipman, boas razões são produtos derivados do pensar deliberativo estruturado, capaz de despertar nas crianças, que são naturalmente questionadoras, cadeias de razões intelectualmente interessantes. "As principais dificuldades ao ensinar a lógica das boas razões consistem em manter o processo de investigação e incentivar a avaliação das razões" (Lipman, 1997, p. 197). Tais objetivos podem ser alcançados quando as crianças efetivamente participam do diálogo disciplinado nas comunidades de investigação. Os padrões para se diferenciar uma boa cadeia de razões de uma que não é boa não fazem sentido para as crianças no momento dialógico, pois regras argumentativas não experimentadas não fazem sentido, isto é, apenas falar sobre regras e padrões não tem nenhum sentido para a criança. No entanto, quando tais padrões têm parte ativa na investigação, as crianças têm uma base sólida para pensar em características de boas razões.

Dessa forma, não podemos apenas apresentar regras de conduta intelectual quando buscamos desenvolver boas razões na discussão, é preciso que a comunidade de investigação esteja empenhada em valorizar os bons padrões de raciocínio. É necessário que as crianças vivenciem as estruturas durante o percurso de compreensão, ou seja, as crianças aprenderão as boas razões desenvolvendo boas razões em seu discurso argumentativo. A discussão privilegiará esse desenvolvimento sempre que buscar desenvolver a capacidade de "ouvir umas às outras e a si mesmas quando discutem", ou seja, as crianças aprenderão os padrões das boas razões na prática, durante o percurso. É preciso experimentar o processo, pois "elas tendem a olhar sempre para o professor para avaliar o que um colega está dizendo e a ignorar se não notar um imediato sinal de aprovação" (Lipman, 1997, p. 198).

Aprender a ouvir parece ser a chave metodológica para que o processo tenha êxito, pois, além de as próprias crianças terem de aprender isso, o professor deverá aprender a ouvi-las de forma tal que será a pessoa que lembrará o que cada uma delas afirmou durante o processo. Essa forma de proceder fará que o método filosófico seja introduzido na forma de apreensão das questões, o que desemboca no esclarecimento das posições e na avaliação delas sobre se estão conseguindo, ou não, dar boas razões para o assunto em questão. Assim,

> aprender a escutar a si mesmo e aos demais numa comunidade de investigação é algo essencial na lógica das boas razões. A imparcialidade, a objetividade, o respeito pelas pessoas e a busca de razões adicionais dependem de prestar cuidadosa atenção tanto aos próprios pensamentos como aos dos outros, e de desenvolver a disciplina de um ouvido bem treinado. (Lipman, 1997, p. 198)

Está claro que o método filosofante é uma aprendizagem conjunta na comunidade de investigações, pois tanto os alunos como o professor deverão desenvolver capacidade de atenção e interesse pelos outros. Certamente, é isso que Sharp (2004) descreve como pensamento cuidadoso, pois aquele pensamento me interessa porque participo dele, de seu desenvolvimento e de sua constituição. Se eu mesmo posso pensá-lo e igualmente alguém próximo a mim, então esse pensamento é nosso, é comunitário. Terá valor porque é fruto da construção da comunidade, porque tem valor para mim e para todos os outros. As ações derivadas de tais valores sempre tenderão a ser validadas pelo grupo e colocadas em padrões de comportamento por meio de discussões filosóficas.

Nas novelas de Lipman, alguns tipos de atos mentais, típicos da estrutura lógica do pensamento, aparecem nos personagens mais importantes. "Essa predisposição de pensar de determinada maneira configura os diferentes estilos de pensar, um desses estilos tende a ser formalmente dedutivo, outros incluem variações da abordagem das boas razões" (Lipman, 1997, p. 200). Nesse sentido, será possível observar que as crianças, aos poucos, serão capazes de verificar que tipos de pensamento conseguem produzir e também perceber que cada um tende a utilizar um ou outro, conforme sua expressão mental. "Os atos mentais e os estilos de pensar são ambos estritamente atribuídos a indivíduos; de centenas de referências a atos mentais, apenas quatro se referem a atos mentais atribuídos a crianças como grupo" (Lipman, 1997, p. 200-201). Certamente, essa variedade é assertiva quando o grupo de crianças percebe que há uma infinidade de modos de pensar, que as diferenças aparecem mesmo nas boas razões e que estas não são regras fixas de comportamentos ou valores. A liberdade empregada aqui é grande, pois a única exigência é que os discursos sejam coerentes e que os argumentos se concatenem de forma lógica; as conclusões nem sempre serão as mesmas, porque a escolha do estilo de pensamento validará mais um aspecto do que outro da situação.

Exemplo disso são os argumentos que levam em conta os sentimentos alheios ao avaliar a situação, em contraposição aos padrões lógicos verificados. Essa diferença de ponto de vista entre as crianças é importante para que percebam o quanto são diferentes em sua maneira de pensar e agir. Lipman alega que as crianças reais vão incorporando os padrões de comportamento das crianças-personagens, "vão misturando seus próprios processos de pensamento e seus próprios tipos de atos mentais com os dos personagens", buscando em meio a essa difusão de estilos de pensar o que melhor poderá atender a seus anseios de racionalidade. "Cada estilo de pensar representa um modelo de comportamento razoável" (Lipman, 1997, p. 201), que poderá servir de perspectiva às crianças da comunidade de investigação.

O padrão comportamental é o que mais incomoda os críticos do programa de Lipman, pois parece que a intenção é formatar as crianças dentro de certos modelos de comportamento que são válidos e distanciá-las de outros que não o são. Novamente, vemos certa ingenuidade nessas críticas, pois todo processo educativo prima por inculcar nas crianças um padrão de comportamento que a sociedade e a comunidade avaliam como razoável e que a fará partícipe dessa mesma comunidade. Lipman (1997, p. 213) parece claro quando afirma: "o objetivo não é formar uma classe de críticos, mas desenvolver seres humanos capazes de avaliar o mundo e a si mesmos objetivamente e a se expressarem com fluência e criatividade". Ora, se não é assim, por que fazemos retaliações às crianças e aos jovens que não se comportam de forma razoável? Por que instauramos castigos e limites em relação a padrões não válidos? Essas e outras questões parecem nortear as diferentes perspectivas educativas envolvidas na atividade filosófica com crianças.

4.4 Outras possibilidades

Com base nas discussões sobre o programa de Lipman, houve outras tentativas de flexibilizar a busca por razões como foco central da educação filosófica, ou seja, ao afastar a lógica como a habilidade a ser adquirida na comunidade de investigação, buscou-se externar outros padrões mais importantes a serem desenvolvidos. Essas experiências contribuem para que se possa refletir sobre a inclusão da filosofia como disciplina no ensino fundamental, mas também para que os professores possam analisar e escolher qual será sua forma de trabalho com as crianças, pois não há método fechado. A escolha dependerá do profissional que o utiliza. Essa perspectiva rechaça a ideia de "receita de bolo" como solução das dificuldades educacionais ou da implementação de novas técnicas para a educação escolar. É preciso que o professor estude as situações, escolha os métodos e os experimente, de modo a adquirir experiência reflexiva significante para si e para seus alunos, ou seja, a prática filosófica em sala de aula é uma formação em busca de si mesma, que se mantém como experimentação, uma vez que sempre haverá novos sujeitos e novas visões de mundo.

4.5 Alguns exemplos de materiais alternativos para o trabalho com filosofia no ensino fundamental

A fim de reunirmos, de forma um pouco mais didática, as considerações abordadas até o momento, apresentamos algumas experiências de materiais didáticos e exemplos metodológicos que podem auxiliar no aprimoramento das possibilidades de escolha dos professores de filosofia para o ensino fundamental. Deixamos claro que as escolhas estão sempre em sintonia com o empenho e o aprimoramento filosófico dos próprios professores.

a. SARDI, S. A. Ula: um diálogo entre adultos e crianças – Orientações ao professor. 2. ed. Petrópolis: Vozes, 2004. (Textos para Começar a Filosofar).

O trabalho de Sérgio Sardi nessa obra apresenta a experiência com o pensamento com simplicidade e profundidade, ao mesmo tempo. Com um texto interessante, por vezes de caráter autobiográfico, o autor percorre aspectos da pesquisa filosófica centrada no ser. Essa perspectiva do olhar entre o eu e o outro dá à obra uma profundidade filosófica interessante para ser aplicada na sala de aula, pois são narradas experiências filosóficas vividas por crianças de todas as idades. A recomendação metodológica não é tomar a obra como um manual, mas como uma instrução para que o professor pense sobre as intenções da reflexão filosófica no contexto escolar ou familiar. Sardi sugere o "brincar com as ideias e com o próprio pensamento", pois a intenção é provocar vivências que remontem à origem do filosofar, no tempo em que não havia rigidez acadêmica para os processos do pensamento livre. Assim, esclarecer o próprio pensamento é orientar a vida de forma objetiva e valorosa, pois é nessa busca que se determinam "valores e ideias que nos orientam". O que consideramos mais interessante no método proposto por Sardi é a necessidade de se aprender a escutar. Hoje em dia, e cada vez mais, somos hábeis na oratória, pois todos têm alguma opinião sobre qualquer assunto (o perigo da dialética pontuado por Platão), mas carecemos do momento para escutar o outro. Não somos hábeis em falar e é preciso, desde a infância, experimentar o diálogo verdadeiramente; então, a métrica do falar e do escutar reforça a relação de um diálogo comprometido e virtuoso. Sardi foca o silêncio como método para a reflexão, para que as ideias possam ser maturadas e processadas pelos participantes do diálogo. Em seu projeto de discussão, estão exploradas muitas dimensões da experiência criativa, como a audição, o tato, o paladar, o olfato e a visão, uma alusão aos sentidos primários de toda experiência vivida. Dessa forma, pontua que filosofar com crianças depende do exercício do professor de filosofia em tornar-se um ser filosofante também, pois não é uma experiência de conteudista que está em voga, mas a experiência de vida na escola. "A vivência requer sensibilidade. E ela sustenta todo o processo na medida em que possibilita a internalização do problema da dimensão filosófica, preparando as condições de significação, dando motivos para pensar que remontam às nossas próprias vidas, à nossa existência concreta" (Sardi, 2004, p. 29).

b. DROIT, R-P. **A filosofia explicada à minha filha**. São Paulo: M. Fontes, 2005.

O trabalho de Roger-Pol Droit sobre a desmistificação da filosofia como uma atividade para adultos é muito instrutivo, pois a narrativa de seu livro aborda o conceito de filosofia de forma clara e simples, buscando esclarecer como podemos fazer filosofia com crianças. A explicação do que é filosofia permeia boa parte do texto, mas, ao mesmo tempo, situa o leitor na simplicidade do pensamento profundo, no cuidado com a reflexão e na precisão de uma argumentação bem construída e elucidativa. O texto aborda as questões primeiras da filosofia, que já eram discutidas entre os gregos, mas que sempre devem fazer parte do princípio do filosofar. Por quê? Porque esse método de voltar à origem; buscar precisamente nos conceitos o esclarecimento do pensamento é uma forma clara e simples de introduzir crianças e jovens na aventura do pensamento. Nesse texto, as "perguntas irritantes" para a criança são características das questões filosóficas e são irritantes porque são desconcertantes, não estão à mão nem na ponta da língua: fazem pensar. Essa pujança de questionamentos abordada no texto pode auxiliar os professores a refletir com seus alunos e pode ser encarada como um método ativo e seguro de conduzir um diálogo filosófico. O texto inteiro é dedicado a desvendar o conceito de filosofia, mas também trata de outros conceitos ligados à lógica, ao número, à moral, ao que é particular e o que é universal. O texto contempla um vasto número de conceitos necessários para o esclarecimento da própria filosofia.

c. TELES, M. L. S. **Filosofia para jovens**: uma iniciação à filosofia. 16. ed. Petrópolis: Vozes, 2008.

O trabalho de Maria Luiza Silveira Teles é baseado no fomento de discussões filosóficas por meio de pequenos textos organizados de forma temática, que abordam questões como liberdade, morte, religião e religiosidade, amor e paixão, felicidade, ter e ser. Mas, na mesma direção, aponta para uma explanação acerca da ideologia e da alienação, da história da filosofia e do próprio ato do filosofar como questões centrais a serem debatidas. Sua apresentação textual é acompanhada de perguntas para a orientação do trabalho do professor, as quais podem ser retiradas do contexto textual, e finalizada com uma sugestão de atividade que envolve comentários ou debates em forma de seminário. Visivelmente, seu trabalho é apenas uma experiência de abordagem de textos; não apresenta uma estrutura única, como um método a ser seguido para que oriente os trabalhos de filosofia na sala de aula. Sempre as sugestões ao final dos capítulos apontam para uma pesquisa mais aprofundada dos assuntos abordados. São apresentados trechos e citações de diversos autores, não necessariamente filósofos, mas que podem fomentar reflexões filosóficas.

d. BRENIFIER, O. **Questions de philo entre ados**. França: Seuil Jeunesse, 2007.

A obra de Oscar Brenifier, ainda não traduzida para o português, apresenta um contexto de reflexão filosófica a partir da origem do filosofar. Busca na Antiguidade o rigor e o olhar corrosivo para o mundo, procurando esclarecer, por meio da linguagem, questões humanas de todas as ordens. A proposta é partir de um dicionário em que se encontram inúmeras palavras de A a Z e questionamentos filosóficos que podem dar origem à reflexão. Trabalhar com esse material ajuda na elaboração de algumas táticas metodológicas no momento do diálogo, pois mantém viva a conversação. Assim, o professor poderá livremente apresentar problemas epistemológicos, éticos, existenciais, linguísticos, de forma ou conteúdo, enfim, tudo aquilo que poderá ser problematizado para fomentar a reflexão. Exalta-se o pensamento por ele mesmo, assumindo-se um lado da filosofia que, muitas vezes, é esquecido quando esta é introduzida no currículo escolar: o prazer de pensar livremente, sem compromisso com conteúdo ou forma, o prazer de pensar por pensar. O foco de Brenifier é a descoberta do prazer do pensamento filosófico na infância, e isso exerce uma grande influência em seus escritos.

e. BRENIFIER, O.; DESPRÉS, J. **O sentido da vida**. Tradução de Beatriz Magalhães. Belo Horizonte: Autêntica, 2013.

A obra de Oscar Brenifier e Jacques Després é uma demonstração de que não há uma única resposta às questões da vida, nem mesmo uma maneira única para o pensamento. Essa obra, belamente ilustrada, procura criar condições para que as crianças encontrem na descoberta filosófica um modo de pensar único e original. Assim, 12 ideias do sentido da vida são abordadas e contrapostas e fazem as crianças buscarem, na reflexão, sair do embaraço do pensamento, ao mesmo tempo que refletem sobre o verdadeiro sentido da vida. Outras obras do mesmo autor francês já foram traduzidas e podem se constituir nas vias de acesso à reflexão filosófica com crianças no ensino fundamental.

f. FRANKLIN, K. **Mitos platônicos para crianças**: a filosofia através dos mitos. Fortaleza: Ed. da UFC, 2005. v. 1.

A obra é uma experiência com a mitologia grega que aparece nos diálogos de Platão. Apresenta os textos originais traduzidos em linguagem simples, para que o aluno possa acompanhá-los. Em seguida, apresenta uma adaptação do mesmo mito em forma de história inspirada no argumento original. Alguns mitos platônicos fomentaram mais de uma adaptação, pois contemplam uma pluralidade de temas que podem ser debatidos com as crianças. A obra traz, depois de cada capítulo, sugestões de trabalho com as crianças, que, em alguns casos, incluem um roteiro de discussão, um trabalho interdisciplinar e, principalmente, o desenvolvimento da ludicidade por meio da arte. Buscar a permanência da reflexão na obra de arte é manter vivas e objetivas as conclusões a que as crianças chegam ao final da discussão filosófica. Assim, seja com o tema do amor (*O mito do amor*), seja com o tema da origem do mundo (*Prometeu e Epimeteu*; *O gênio e a grande mágica*), o que se intenciona é envolver as crianças na reflexão filosófica por meio da temática concreta e fazê-las problematizar o pensamento. A proposta dessa obra requer professores preparados para desenvolver a reflexão, pois a leitura e a preparação filosófica em temáticas da Antiguidade são importantes para que o trabalho não se restrinja ao texto apresentado. Nesse sentido, os textos originais e adaptados podem fomentar muitas discussões, desde que bem preparadas pelo professor. O livro voltado às crianças também é um livro para colorir, justificando a necessidade de permitir que se expressem e criem o ambiente do contexto discutido.

g. **SANTIAGO, G. En la tierra de los dinosaurios.** Buenos Aires: Noveduc, 2007.

A obra de Gustavo Santiago busca contribuir para que os materiais didáticos voltados à iniciação filosófica com crianças se expandam também em língua espanhola. Situada no contexto da escola do Programa de Filosofia para Crianças de Lipman, a proposta aqui apresentada é de ampliação dos materiais a serem utilizados pelos adeptos do programa. O objetivo não é apenas traduzir, mas adaptar o programa de Lipman em outros países e buscar contribuir para que o programa vigore. Assim, Santiago apresenta essa novela filosófica para introduzir os questionamentos sobre a origem da natureza, a origem da vida e o desenvolvimento das espécies de forma reflexiva. A novela é apresentada em forma de episódios, como as obras de Lipman, que envolvem crianças em situação escolar, de questionamento ou em cenas fora da escola. Semelhantes ao material de Lipman, as novelas são também instrutivas para o professor que já está adaptado ao método do programa e que busca desenvolver as reflexões sob um prisma específico e com propósitos já definidos. Do mesmo autor, temos *Filomeno y Sofía: historias para filosofar com los más chiquitos* (2008), desenvolvido para crianças no início da escolaridade. O texto tem por objetivo introduzir a criança pequena no jogo da filosofia: sentar-se em roda, visualizarem os colegas enquanto fala, dar exemplos, falar e ouvir etc.

h. DUHART, O. G. **Filosofía para la infancia**: relatos y desarrollo de actividades. Buenos Aires: Noveduc, 2009.

Esse livro de Olga Grau Duhart tem o objetivo de ser uma contribuição para os professores que trabalham com crianças pequenas, de 0 a 5 anos. Traz uma infinidade de experiências para serem desenvolvidas com as crianças e que contribuem para a riqueza do desenvolvimento das conexões, de novas ideias e apropriações que os pequenos fazem quando discutem filosofia. Seu método mantém o questionamento vivo; por meio de perguntas e respostas das crianças, busca-se criar um ambiente propício para o desenvolvimento intelectual. O livro apresenta um pequeno texto que descreve determinada situação, seguido de um comentário sobre o conto, em que a autora apresenta, por vezes, sua interpretação e, em outras, faz referência a filósofos e autores que suportam intelectualmente o assunto. Após esse pequeno comentário, apresenta fichas de trabalho com a descrição dos materiais necessários para as atividades em questão, seguidas da descrição da atividade e de comentários de como se espera que a criança participe, bem como de algumas indicações gerais em cada capítulo. São muitas as sugestões em cada um dos capítulos, o que dá ao professor uma vasta possibilidade de trabalho. Por fim, apresenta um resumo das principais ideias do texto, com questionamentos pertinentes, capazes de instigar as crianças, e uma infinidade de questões relacionadas a cada um dos temas, ou seja, um mesmo conto pode ser trabalhado em diferentes aspectos durante as aulas, sempre com o intuito de esclarecer um novo ponto de vista.

Há uma infinidade de materiais disponíveis para o trabalho com crianças, os quais podem ou não apresentar métodos próprios de aplicação. Os relacionados aqui são um exemplo de como há diferenças na confecção dos materiais, em sua proposta ou em sua aplicação. Enfim, será sempre o professor aquele que deverá avaliar o material a ser utilizado pelos alunos. Sua proposta pode ser compor uma comunidade de investigação, aos moldes de Lipman, ou ministrar uma disciplina com conteúdos e temas a serem abordados e superados – ambas as possibilidades encontram respaldo. As propostas são múltiplas para o trabalho com filosofia no ensino fundamental, e a escola e o professor ministrante fazem a diferença na qualidade desse trabalho, pois buscar desenvolver a reflexão nas crianças é o objetivo de toda proposta educacional, mas qualificar o fluxo desse trabalho é responsabilidade apenas dos profissionais envolvidos.

Síntese

Neste capítulo, abordamos as questões que envolvem o pensamento crítico e criativo no trabalho com a filosofia para crianças. Desenvolvemos uma conceituação simples sobre a compreensão de pensamento crítico e apresentamos o pensamento que cuida como aquele que deve vigorar nas comunidades de investigação. A colaboração, a solidariedade e a construção coletiva de conceitos devem ser fundamentadas no pensamento que cuida. Neste mesmo capítulo, introduzimos a *ethic of care*, uma teoria ética capaz de servir como fundamento do trabalho escolar na perspectiva do cuidado com o outro. Apresentamos, ainda, a filosofia como uma arte, por meio da qual podemos produzir obras de pensamento criterioso e criativo – a arte de ter ideias criativas e criadoras na comunidade de investigação. Procuramos esclarecer, também, o conceito de boas razões como foco central das discussões e deliberações da filosofia na sala de aula. Por fim, destacamos algumas experiências de materiais didáticos produzidos para o ensino fundamental como forma alternativa às novelas de Lipman, que hoje já são consideradas uma tradição na filosofia para crianças.

Indicações culturais

Para um aprofundamento da compreensão da *ethic of care*, recomendamos a leitura das seguintes obras que se encontram em língua francesa ou inglesa:

GILLIGAN, C. **In a Different Voice**: Psychological Theory and Women's Development. Cambridge: Harvard University Press, 1982.

IRIGARAY, L. **Parler n'est jamais neutre**. Paris: Les Éditions de Minuit, 1985 (Collection Critique).

MOLINIER, P.; LAUGIER, S.; PAPERMAN, P. **Qu'est-ce que le care?** Souci des autres, sensibilité, responsabilité. Paris: Payot & Rivages, 2009. (Petite Bibliotè que Payot).

NUROCK, V. (Coord.). **Carol Gilligan et l'éthique du care**. Paris: PUF, 2010. (Débats Philosophiques).

Outros títulos podem ser encontrados em língua portuguesa e podem aprofundar sua percepção dessa teoria ética. Sugerimos também as seguintes obras:

A CORRENTE do bem. Direção: Mimi Leder. EUA: Warner Bros., 2000. 123 min.

O filme conta a história de um menino que tem a crença de que pode mudar o mundo mediante ação voluntária. Com base em uma atividade escolar de uma turma de 8º. ano, com a proposta de pensar um jeito de mudar nosso mundo e colocar em prática seu pensamento, o filme se desenrola. O garoto Trevor Mckinney resolve levar o trabalho a sério e inicia uma jornada interessante. A paixão do professor Eugene é a inspiração do menino, que tem a ideia da corrente do bem baseada em três premissas: 1) fazer por alguém algo que este não pode fazer por si mesmo; 2) fazer isso para três pessoas; 3) cada pessoa ajudada deve fazer isso para mais três. Assim, a corrente do bem cresceria em progressão geométrica a cada nova ação. O garoto segue com seu plano até que as consequências dele começam a aparecer.

Atividades de autoavaliação

1. Assinale V para as alternativas verdadeiras e F para as falsas:
   ( ) O pensamento crítico pode ser compreendido como um pensamento cuidadoso, que eleva as noções gerais a um patamar em que podem ser analisadas, valoradas e categorizadas.
   ( ) O pensamento crítico se desenvolve por meio de uma proposta baseada em habilidades mentais capazes de dar conta da interpretação sobre o mundo.

( ) Pensar criticamente compreende uma capacidade de análise profunda da questão, bem como a proposição de alternativas, pois o pensamento crítico também se transforma em pensamento criativo.

( ) A explicação é uma das habilidades a serem desenvolvidas coletivamente, pois depende da compreensão precisa dos outros sobre o assunto exposto.

( ) O pensamento filosófico sempre busca expor as inconsistências e as imprecisões quando analisa algo, pois esse é o fator que favorece a compreensão do todo.

2. Assinale a alternativa **incorreta**:
   a) O pensamento crítico dá origem ao pensamento criativo.
   b) O pensamento que cuida é mais elaborado que o pensamento crítico.
   c) O cuidado proporciona o desenvolvimento da vontade, uma intencionalidade de ação.
   d) O cuidado ou solicitude imprime na *ethic of care* um peso de ética fundante de princípios que alargam a ação humana.
   e) O pensamento crítico que nos dispomos a desenvolver nas crianças quando propomos o filosofar vai muito mais além do pensamento que cuida.

3. Sempre que praticamos filosofia, podemos fazê-lo como uma atividade que é:
   a) prazerosa por si só, razão pela qual sempre queremos praticá-la.
   b) prazerosa, mas precisamos gostar de praticá-la, sendo que, ao praticá-la sistematicamente, tornamo-nos cada vez melhores.

c) necessária, pois, para passarmos no vestibular, precisamos ter conhecimentos da física quântica que aparece na obra de Heidegger.

d) obrigatória para aqueles que desejam saber a origem de Deus como criador do Universo.

e) prazerosa, mas para isso é preciso sofrer muito para aprender a pensar melhor, pois só sofrendo conseguiremos acessar os conhecimentos.

4. Assinale V para as alternativas verdadeiras e F para as falsas:

( ) As principais dificuldades ao ensinar a lógica das boas razões consistem em manter o processo de investigação e incentivar a avaliação das razões.

( ) Certamente, as crianças podem aprender a desenvolver as boas razões apenas conversando sobre isso.

( ) Aprender a escutar a si mesmo e aos demais em uma comunidade de investigação é algo essencial na lógica das boas razões.

( ) O ideal orientador do empenho filosófico é a racionalidade ou racionalidade criteriosa, mesmo que o objetivo seja o de encontrar os limites da racionalidade.

( ) As boas razões são regras fixas de comportamentos ou valores, e é por isso que devemos ministrar filosofia para crianças.

5. Sobre métodos de filosofia para crianças, podemos compreender que é importante:

a) aprender a ouvir para que o processo tenha êxito, da mesma forma que o professor deve aprender a ouvir.

b) aprender a falar de forma desinibida para que desenvolver a melhor argumentação, da mesma forma que o professor deve falar com mais erudição.

c) aprender a ouvir, para que se possa aceitar a opinião alheia com mais complacência.

d) aprender a falar com erudição, porque é próprio da filosofia com crianças que aprendam palavras fora de seu vocabulário e tempo cognitivo.

Atividades de aprendizagem

Questões para reflexão

1. Sua compreensão de pensamento crítico e criativo é compatível com o que foi apresentado no capítulo? Desenvolva as razões assertivas e divergentes.

2. Qual era sua compreensão acerca do pensamento cuidadoso e qual é sua compreensão neste momento? Houve mudança?

3. O que é possível compreender por *ethic of care*?

4. O pensamento criativo faz parte de sua trajetória de formação? Como você o descreveria?

5. Quais materiais didáticos descritos no capítulo você escolheria para trabalhar com sua turma? Por quê?

Atividade aplicada: prática

>Desenvolva uma pesquisa sobre os fundamentos da *ethic of care* e proceda a uma análise sobre como você usaria esses fundamentos na prática escolar. Produza um texto crítico e criativo, que expresse seu pensamento sobre a ética do cuidado vinculada à prática escolar.

V

O ensino de filosofia como comunidade de investigação em sala de aula

Já abordamos vários temas que envolvem a filosofia para crianças; porém, neste ponto, é mister discutir sobre a comunidade de investigação ou o próprio desenrolar da disciplina em sala de aula. Até agora, mencionamos aspectos que devem ser pensados previamente para se trabalhar com filosofia no ensino fundamental, mas também é preciso estabelecer quais serão os parâmetros desse trabalho. Se nos dispomos a fazê-lo, precisamos estabelecer quais temas devem estar em nosso currículo, quais métodos podemos trabalhar com os diferentes níveis escolares e quem deve ser professor de filosofia para crianças. Todos esses pontos devem ser avaliados para que a experiência realmente seja significativa, tanto para o professor como para as crianças, pois a percepção ímpar da escola será encontrada na própria efervescência do trabalho escolar.

Assim, para finalizar esta obra, buscaremos estabelecer aqui, em forma de reflexão, alguns pontos a serem decididos no contexto de um programa escolar de filosofia no ensino fundamental – um programa que continue buscando significados e conexões para a vida da comunidade escolar e, especialmente, para as crianças que estão se iniciando na reflexão filosófica.

5.1 Aprender a filosofar: um assunto em pleno desenvolvimento

De modo algum podemos chegar a uma conclusão a respeito do ensino de filosofia, pois as discussões parecem estar em mar aberto, quase à deriva. Ensinar a filosofar está na pauta de muitas escolas que adotam a filosofia por diferentes motivos: porque está na moda, por ser uma esperança educativa, por ser um diferencial no currículo escolar ou, simplesmente, por ser filosofia. Seja qual for o motivo que leva educadores ou diretores de escola a buscar na filosofia um aparato educacional, ela mesma sempre está disposta a dar sua contribuição para o aprimoramento humano.

O jogo do ensinar e aprender filosofia ainda é um assunto em pleno desenvolvimento, pois não há metodologia definitiva que garanta seu sucesso, qualquer que seja o grupo de alunos. O que vemos sistematicamente são experiências bem-sucedidas que fazem a diferença na qualidade da educação de crianças e jovens. Será sobre essas experiências que desenvolveremos nossas reflexões finais a respeito da disciplina, das temáticas e dos procedimentos encontrados nos grupos de discussão filosófica. Em primeiro lugar, é importante enfatizarmos que a aprendizagem filosófica é algo que tende a permanecer durante o processo educativo. Então, quando nos propomos a promover uma educação filosófica, precisamos ter em mente o propósito de que buscamos ensinar uma forma de viver, de se relacionar com os outros e de valorizar isso ou aquilo que temos. Se a peculiaridade da filosofia é sua forma analítica de proceder diante da vida, devemos, na educação filosófica, buscar esclarecer seus princípios.

> A filosofia é uma disciplina que leva em consideração formas alternativas de agir, criar e falar. Para descobrir essas alternativas, os filósofos persistentemente avaliam e examinam suas próprias pressuposições, questionam o que outras pessoas normalmente têm como certo e especulam imaginativamente sobre quadros de referência cada vez mais amplos. (Lipman, 1997, p. 143)

Assim, para pensarmos as condições apropriadas para se estabelecer uma comunidade de investigação, devemos pensar as condições necessárias para o sucesso do empreendimento: o professor deve ser bem preparado filosoficamente, deve ter uma personalidade provocativa e questionadora, capaz de contagiar a todos, e não deve ser paciente com um pensamento descuidado e pobre de imaginação; as crianças devem ser incentivadas à participação pelo prazer do diálogo e disciplinadas no sentido do respeito e da tolerância em face de outros pontos de vista, devem desenvolver o gosto pela atividade do pensamento comunitário (discussão filosófica); as temáticas devem ser próximas a todos, devem exalar o desejo e a curiosidade da comunidade no sentidos ético, moral, epistêmico, metafísico, político, científico ou ontológico.

Tais condições prévias estão imersas nas preocupações com o aprendizado de filosofia. Serão duas as questões a serem respondidas:

O que se ensina quando se ensina filosofia? O que se aprende quando se aprende filosofia? A primeira questão diz respeito aos conteúdos que podemos abordar quando ensinamos filosofia, se devem estar previamente escolhidos, como em um programa escolar, ou se devem ser escolhidos na hora da discussão, decididos democraticamente com o grupo. Tanto uma abordagem como a outra conduzem a um problema de precisão da atividade filosófica na escola. Se é uma disciplina, deve ter um conteúdo a ser cumprido como qualquer outra disciplina? Se o conteúdo for decidido ao sabor do momento, como podemos estabelecer a qualidade do aprendizado sob o ponto de vista da estrutura escolar? Essas questões são importantes, pois já demonstram que é preciso estabelecer um currículo mínimo para a disciplina, seja por meio de temáticas, seja por meio de textos a serem trabalhados. Nenhuma decisão sobre filosofia na estrutura escolar do ensino fundamental deve ficar fadada aos desejos momentâneos do grupo, mas também não deve restringir-se totalmente a eles.

Em segundo lugar, a comunidade de investigação deve ter um propósito, a saber, aprender e praticar o pensamento filosófico, mas certamente com critérios, com conteúdos e objetivos epistêmicos definidos, ou seja, o conhecimento filosófico deve ter propósitos claros para o grupo de investigação. A comunidade de investigação, formada pelo professor e por seus alunos, pode estabelecer certos caminhos momentâneos, pois é na discussão que as ideias surgem e se manifestam de forma criativa e inovadora. Porém, o professor deve ter um plano abrangente, por meio de novelas filosóficas ou de planejamento temático para seus alunos. Se o filosofar não é uma atividade espontânea nos humanos, então ela deve ser aprendida, mesmo quando não é ensinada, pois é imperioso que as crianças aprendam a pensar sobre si mesmas e sobre seu pensamento quando estão fazendo filosofia. O que precisamos lhes dar são as ferramentas para isso.

Assim, a prática filosófica com crianças não precisa de métodos definitivos, como já mencionamos. Não há uma receita de bolo capaz de satisfazer a todos os professores nem a todos os níveis do ensino fundamental. Será sempre uma atividade experimental, pois não é ciência, é arte; será sempre desenvolvida pela comunidade, pois não pode ser reproduzida como em uma fábrica; será sempre uma atividade que deve conter a atenção ao momento em que acontece a possibilidade de desenvolver uma reflexão mais intrigante e problemática. Fomentar a problematização é ajudar as crianças a exercer habilidades de pensamento para criarem novas ideias, novas configurações de mundo e novas oportunidades humanas. Será nessa procura que toda a imanência dos valores se processará nos indivíduos, ou seja, cada um estará à procura de significados para a própria vida. Desse modo, é na imanência da consciência que todos os nossos valores se manifestam e certamente sabemos que "não inventamos verdade, a justiça, a beleza ou o amor. Descobrimo-los claramente em nós mesmos, não num céu de ideias, mas como entidades que, apesar de tudo, nos ultrapassam e nos são dadas, por assim dizer, desde o exterior". Mesmo não sendo capazes de identificar a origem dessa descoberta, somos tomados por uma espécie de "mistura de heteronomia e de autonomia que corresponde bem à nossa experiência vivida" (Ferry, 2011, p. 291).

Nesse sentido, a atenção do orientador da comunidade de investigação deve ser total, pois os sujeitos ali envolvidos estão em busca de significados para a vida, estão ali para descobrir algo que está neles, isto é, trata-se da mais pura maiêutica socrática envolvida no processo de busca de si mesmo. Talvez essa seja uma das atitudes mais difíceis para o professor de filosofia, pois não estamos acostumados a prestar atenção às coisas, às palavras e aos atos; nossa cultura extremamente acelerada exige eficiência agora, perfeição para ontem e resultados imediatos. Na verdade, o professor precisa de treinamentos para buscar essa perspectiva paciente e comprometida com o grupo, pois sempre tem o ímpeto de valorizar o eu.

Nós temos certa compreensão de que nosso foco educacional deve estar centrado nas crianças, porém nem sempre "prestamos atenção suficiente ao que elas estão realmente expressando". Muitas vezes, inferimos que devem ser cooperativas quando em situação de aprendizagem, mas dificilmente elas nos veem sendo cooperativos com nossos colegas. Solicitamos "trabalhos artísticos, mas raramente conseguimos criar ambientes que possam verdadeiramente apoiá-los e inspirá-los. Pedimos o envolvimento da família, mas detestamos dividir a autoria, a responsabilidade e o crédito com os pais". Sempre incentivamos o movimento para a descoberta, mas não demonstramos confiança nem permitimos que elas "sigam suas próprias intuições e palpites" (Gardner, 1999, p. 11). Ao estabelecermos as aulas dialógicas ou discutidas, preferimos sempre falar a escutar as crianças. Assim, fica extremamente difícil fazê-las compreender o que realmente queremos.

Essa constatação deve ser examinada quando pensamos em ensinar filosofia no nível fundamental, pois o aprender está vinculado a nossa própria capacidade de deixar aprender; ele está diretamente vinculado à capacidade de deixar as crianças desenvolverem a própria capacidade de ler a realidade de forma autêntica e criativa. Dar a elas a oportunidade de compreenderem suas percepções, fazerem conexões e desenvolverem suas habilidades cognitivas para que o todo faça sentido em sua vida é uma das grandes contribuições da filosofia para sua formação como pessoas. Assim, a preparação do professor deve se dar em vários níveis para enfrentar a comunidade de investigação, pois, para formalizá-la na sala de aula, precisa da confiança e da certeza da liberdade de expressão de todos.

Enfim, formar a comunidade de investigação para fazer filosofia no ensino fundamental será um dos grandes avanços na escolaridade da criança, pois ela poderá estabelecer parâmetros de discussão, formas de resolução de problemas e planejamento estratégico de ações, o que a levará a priorizar certos valores na vida. Esse impacto de valoração é importante, pois é ele que pode estabelecer os critérios de eticidade e moralidade para a vida. As escolhas, as deliberações e os planejamentos estarão diretamente conectados às capacidades e habilidades desenvolvidas na reflexão filosófica, pois assim é possível estabelecer prioridades, esclarecer fatos e planejar ações. Os valores morais esclarecidos são sempre considerados como prerrogativas das boas razões de uma ação, e isso faz a diferença quando se precisa justificar escolhas, modos de pensar e ações. Assim, o professor que se deixa aprender é o melhor professor de filosofia que podemos desejar, pois ele estará preparado para ouvir as crianças, ajudá-las a compreender as próprias argumentações e provocar a discussão de ideias e de valores que farão a diferença em sua vida e na vida da comunidade de investigação.

Como vimos até agora, essa perspectiva da filosofia no ensino fundamental ainda é uma atividade escolar em pleno desenvolvimento, pois não há fórmulas mágicas nem procedimentos metodológicos fechados para praticar filosofia; é preciso aprender com as crianças o modo de fazê-las tomar gosto pelo pensamento criterioso e reflexivo. Será sempre uma tentativa de êxito, pois, se os grupos mudam, muda também a dinâmica de discussões, interesses e valores. O que poderá ser aprendido pelo professor são os procedimentos, que podem ser sempre mais aprimorados, de deixar aprender, de priorizar a confiança nas crianças e de esclarecer os valores que aquele grupo assume como seus. Para isso, é preciso estudar filosofia constantemente, aprimorar a capacidade de reflexão e estar atento ao que as crianças dizem no momento em que dizem.

5.2 Estabelecendo regras de discussão

Como podemos falar em regras e normas para uma discussão se não temos uma fórmula mágica ou uma receita exata? Na verdade, temos de estabelecer alguns critérios importantes para que a aprendizagem das crianças nas aulas de filosofia se torne significativa para elas. A formulação de como a comunidade de investigação funcionará é importante, porque as crianças desejam saber de antemão o que devem fazer quando praticam filosofia. Assim, conforme o nível escolar, a configuração da sala de aula e a criatividade do professor estabelecerão, ou não, um ambiente convidativo à discussão. Na maioria das escolas, a formatação das salas de aula ainda é de carteiras individuais em filas ou, nos anos iniciais, de mesas grandes e coloridas para quatro ou seis alunos. O que sugerimos é que, ao se constituir a comunidade de investigação, não se use a mesma proposta de ambiente que as demais atividades escolares, pois é preciso estabelecer um marco diferencial para essa nova atividade. Então, não utilizar as carteiras em fila, em círculo ou de forma tradicional (como sempre se utiliza) é um ponto a ser verificado.

O professor deve ser criativo para o estabelecimento da organização do ambiente, que pode ser em círculo, como sugere Lipman e seus seguidores, ou com as crianças sentadas no chão, ou na sala de leitura (se a escola tiver alguma), ou de outra forma qualquer para se criar um ambiente diferente, tranquilo e aconchegante.

A questão ambiental é muito importante para se estabelecer o círculo de confiança necessário para desenvolver a atividade reflexiva, pois, em ambiente hostil ou desconfortável, ninguém estará disposto a contribuir para o andamento da discussão – nem adultos nem crianças. O ideal é que todos possam enxergar uns aos outros, pois esse é um passo importante para estabelecer preceitos de respeito pelo outro e por aquilo que ele fala e expressa.

Sobre o que podemos discutir? Com base em um texto, uma charge, um desenho, uma pintura, um filme, uma música ou outro pretexto, podemos desenvolver nossas reflexões filosóficas. O importante é valorizar as demandas do grupo de crianças, pois é preciso fomentar seu interesse e seus pontos de vista sobre o assunto, "uma discussão insignificante pode ser o solo fértil do qual seja possível brotar uma boa discussão, do mesmo modo que uma boa discussão a respeito de qualquer tema é capaz de oferecer condições para o surgimento de uma boa discussão filosófica" (Lipman, 1997, p. 155). O que o autor sugere é que o surgimento de uma boa oportunidade pode se transformar em problematização filosófica, basta que o professor consiga arquitetar as discussões com maestria. Essa problematização deve ser cumulativa, e não episódica, pois terá de construir bons significados e estruturas mentais nas crianças. Essa perspectiva leva, necessariamente, à adoção de estratégias cadenciais no programa formulado para uma comunidade de investigação específica, pois esse será o planejamento possível do professor. Então, as regras de discussão podem ser estabelecidas mediante um programa amplo, mas as especificidades terão de ser exercitadas no momento do desenvolvimento das atividades. Aprender com os outros, eis a grande conquista que as crianças poderão obter. Aqui, elas podem experimentar as capacidades de ensinar e aprender com seus colegas, tendo o professor como guia e árbitro das discussões.

Outra questão a ser esclarecida é a diferenciação entre uma mera discussão, em que opiniões são lançadas, e uma discussão filosófica, que exige razões e justificativas para defender essas posições. Diferenciar uma discussão comum, que tende a ser meramente opinativa, de um processo filosófico é uma arte que exige atenção e habilidade, mas que pode ser aprendida com a observação e a experimentação de discussões filosóficas. Se o professor pode aprender, isso igualmente pode ocorrer com as crianças. Diferenciar as perguntas demonstra o tipo de discussão em que estamos imersos, pois é totalmente diferente perguntar sobre a opinião de alguém acerca de determinado assunto ou perguntar sobre as razões que uma pessoa tem para proferir isso ou aquilo. Dessa forma, levantar um número significativo de opiniões não leva ao estabelecimento de uma discussão filosófica; deve-se procurar esclarecer as razões para o que se diz, certificar-se de que há coerência no discurso, verificar as contradições e esclarecer os conceitos. Essas ações é que fazem parte de uma discussão filosófica, e o professor de filosofia deve estar atento a todos esses aspectos para que a comunidade de investigação se expresse de forma interessante e produtiva. Assim, realmente não há receita pronta para conduzir uma discussão filosófica, apenas a extrema preparação e a atenção do professor de filosofia.

> Para dirigir uma discussão filosófica, temos que desenvolver uma sensibilidade para saber que tipo de pergunta é apropriada em cada situação e qual a sequência em que podem ser feitas. Um professor de filosofia pode deter-se sobre o comentário de um aluno, segui-lo, explorá-lo e achar que o comentário de outro aluno não necessita ser examinado porque, nesse momento, uma análise profunda seria contraprodutiva. (Lipman, 1997, p. 156-157)

Nesse sentido, a atividade do professor que dirige uma comunidade de investigação filosófica é constantemente comparada à habilidade de Sócrates de inquirir seus interlocutores. Sua forma dialógica de buscar a verdade é uma espécie de fórmula para conduzir uma discussão filosófica, pois sempre está atento para aprofundar conceitos, perspectivas e pontos de vista, para que nada seja esquecido ou mal interpretado no desenvolvimento da discussão. Dessa mesma experiência socrática destacamos a capacidade de motivar os participantes, pois, com as perguntas certas, todos são impelidos a contribuir para que os trabalhos se desenvolvam. Porém, não é unânime o desejo de falar das crianças, e muitas podem ficar plenamente interessadas no desenrolar das questões, mesmo que permaneçam caladas. Algumas pessoas pensam melhor falando, outras ouvindo e conjecturando, outras fazendo perguntas e outras, ainda, expressando-se de forma global. O professor deve estar atento a todas essas possibilidades de participação, pois está propondo experiências significativas também para a construção da personalidade das crianças. Respeitar o tempo, a vontade e a forma de participação é um atributo do professor de filosofia, pois algumas crianças precisam de muito tempo de maturação dos assuntos e da métrica da aula de filosofia para conseguirem participar ativamente. Outras se adaptam facilmente à proposta e à metodologia das discussões, sendo consideradas também líderes natas e formadoras de opinião, capazes de influenciar os outros em seus pontos de vista e valores.

A maneira de seguir na discussão é sempre uma opção do professor. O que Lipman sugere é que, depois de lido o texto, sejam registradas no quadro de giz as partes da discussão consideradas interessantes pelas crianças. Esse procedimento é importante para publicizar e organizar as questões a serem discutidas, mas também pode ser extremamente determinante para os caminhos a serem seguidos. Talvez se possa exercitar a habilidade da memória com a constante observação oral da correspondência do ponto de vista com a criança que a sugeriu; outra possibilidade é que apenas o professor faça uma anotação ou que cada criança anote sua sugestão. Enfim, a forma como são observados pontos a serem discutidos pode mudar de comunidade para comunidade, e é a habilidade do professor que será exigida nesse quesito. Se não quiser utilizar a forma de Lipman (anotar no quadro), deve buscar alternativas criativas para que possa, ao final da leitura, propor os pontos a serem discutidos, bem como sua sequência. Certamente, estabelecer o plano de trabalho do dia é fundamental para que todos se mantenham atentos e comprometidos com a discussão.

Outro ponto a ser observado é que o professor de filosofia deve ajudar na construção expressiva das crianças, isto é, deve ajudá-las a expressar os próprios pontos de vista, com algumas perguntas ou com reformulações de suas falas. Utilizar algumas expressões para esclarecer pontos de vista facilita a observação das crianças sobre o próprio pensamento, pois elas tendem a seguir certa forma de expressão. É o que ocorre quando se fala, por exemplo: "você está dizendo"; "tive a impressão de que você quis dizer"; "corrija-me se estiver errado, mas você quis dizer". Essas e outras tantas expressões podem ajudar as crianças a compreender o que expressaram, mas também podem, algumas vezes, tornar-se problemáticas, uma vez que, se não for cuidadoso, o professor poderá distorcer o que a criança disse e imprimir certa doutrinação ao que foi dito. Ser fiel ao dito e isentar-se de construir um pensamento para a criança é uma forma de preservar suas posições; porém, é possível ajudá-la a elaborar de outra forma o próprio ponto de vista. Tomar cuidado para não doutrinar é uma arte.

Todos nós temos tendências manipuladoras, das quais podemos, ou não, estar conscientes, e, em geral, elas surgem quando nos esforçamos para fazer que os outros acreditem naquilo que acreditamos, tentando persuadi-los de que o que estão querendo dizer é exatamente o que gostaríamos de ouvi-los dizer. A obrigação do professor é ajudar as crianças a expressarem o que pensam, mesmo que o que elas pensem não seja o que o professor gostaria que fosse. Se o professor não concordar com elas, haverá oportunidade para dizer e explicar seus motivos, mas distorcer pontos de vista dos alunos, por meio de uma sutil reformulação é manipular e doutrinar – o que é outra maneira de dizer que é inapropriado para o diálogo filosófico (Lipman, 1997, p. 159).

Nesse sentido, o cuidado que se deve ter ao dirigir uma discussão filosófica é manter a sequência de questões a serem discutidas, esclarecer os pontos de vista que surgirem e preservar a significância e a interpretação que as crianças apresentarem. Não doutrinar, não distorcer, não inculcar opiniões, não manipular são exercícios diários, pois apenas esses exercícios farão que as crianças se desenvolvam intelectualmente, que aprendam a pensar melhor e adquiram autonomia no trato das questões que lhes forem apresentadas. Demonstrar confiança no potencial de discursividade das crianças é capacitá-las psicologicamente para aprender a pensar melhor, dando-lhes confiança de que elas têm as habilidades de que precisam para enfrentar as questões da vida.

5.3 A comunidade em sala de aula (temporalidade)

Quando pensamos em uma comunidade de investigação na escola, devemos pensar também em como viabilizá-la temporalmente, tanto em meio ao currículo escolar como na construção de uma rotina que faça a criança sentir que essa atividade é importante. Assim, estabelecer uma rotina de trabalho intelectual e investigativo das temáticas filosóficas deve ser uma atitude abraçada por toda a comunidade da escola e gerenciada conforme o nível escolar das crianças. Com isso, a investigação filosófica será introduzida na rotina da escola como mais uma atividade, ou disciplina, mas terá de ser adaptada aos níveis escolares. Quanto menor for a idade das crianças, menor será o tempo que elas conseguirão ficar concentradas no assunto abordado. Elas mesmas podem ir se habituando aos modos de proceder que devem ser aprendidos, à metodologia a ser seguida e à busca de formas de esclarecimento.

Fica claro, portanto, que, sempre que se levantarem questões sobre a coerência ou a verificação de conexões, deve ser considerado o nível de compreensão das crianças. Muitos exemplos podem ser dados, mas é importante estar atento às oportunidades que surgem também fora do contexto escolar. Na escola, elas são provocadas e planejadas, mas é possível verificar a reflexão nas crianças desde pequenas, no ambiente familiar, fazendo que elas busquem respostas primeiro científicas, depois filosóficas. Uma cena comum quando partilhamos com as crianças alguns dilemas do mundo é elas nos lembrarem das obviedades do senso comum, forjado naquilo que nos aparece como certo. Muitos temas podem ser considerados como filosóficos, outros apenas como questões para a reflexão sobre a causa e o efeito de algo. Exemplo dessa possibilidade é o relato a seguir.

Nicolau e Celso (adultos) estavam conversando depois do churrasco de Natal. Falavam sobre as possibilidades da origem do mundo, afirmando que a teoria da evolução de Darwin poderia ser encarada apenas como mais uma teoria entre tantas outras. Assim, a eloquência dos adultos fazia parecer que se tratava de algo muito distante, pois postulavam se poderíamos acreditar nas teorias que formulamos sobre o mundo sem a comprovação delas. Então Celso, em meio às suas explicações empiristas sobre o clima, fez uma inferência sobre o tempo:

— Quando eu digo "o sol está maravilhoso hoje e está brilhando agora"...

— Claro que não! – respondeu prontamente Giovani (de 4 anos), que vinha correndo para o centro da sala, com seu novo brinquedo de jogar água.

Todos ficaram surpresos com a atitude do garoto, pois, aparentemente, ele não sabia como sustentar sua opinião. No entanto, ele tinha razão, naquele momento o sol não estava brilhando, havia muita nebulosidade e não se podia ver os raios de sol. O que Giovani imediatamente inferiu dessa experiência foi que aquela afirmação não poderia ser utilizada para o dia em questão. O que lhe chamou atenção foi o equívoco de utilizar as palavras *hoje* e *agora*. E, assim, correu para o meio do gramado e apontou para o céu:

— Olha! Não tem sol – uma comprovação empírica incontestável. Oportunamente, alguém lhe perguntou:

— Há algum lugar em que o sol esteja brilhando agora? Como podemos saber se o sol está brilhando sem que possamos vê-lo? Giovani ficou olhando com uma expressão intrigada, sua mente estava buscando a resposta mais racional possível. Depois de um tempo, não falou, apenas apontou para uma pequena claridade no céu. Certamente, pelo horário, era a posição exata do sol naquele momento. Achou sua resposta científica. Resolveu o problema e demonstrou que, apesar de o sol não estar brilhando naquele momento (certamente uma falácia), a questão sobre a posição do astro o levou a inferir que estava presente (pela luminosidade). Depois disso, saiu correndo com o novo brinquedo de jogar água.

Esse exemplo indica como podemos, diante de oportunidades, buscar problematizar o cotidiano de crianças pequenas com indagações e questionamentos filosóficos. Esse é o caminho para uma educação reflexiva em geral, pois coloca o adulto em alerta para as oportunidades de ponderação sobre a vida. Quando introduzimos essas questões reflexivas e problemáticas com as crianças, devemos observar o tempo. Esse episódio não durou mais de 5 minutos, entre o que Giovani ouviu de Celso e Nicolau e sua conclusão final. O tempo, para uma criança de 4 anos, é rápido, expressivo e episódico. Mas devemos, aos poucos, ensiná-la a processar os mecanismos problematizadores do real, criando novas questões para seu dia a dia. Esse relato é um exemplo de como podemos estar atentos em qualquer lugar. Entretanto, na escola, isso deve ser feito, obrigatoriamente, o tempo todo, ou seja, nenhuma oportunidade deve ser perdida.

O tempo da comunidade de investigação varia de acordo com o nível escolar, podendo ser complementado com outras atividades lúdicas e criativas, principalmente para as crianças pequenas. Se o professor tem 50 minutos de aula, deve, aos poucos, estabelecer quanto cabe à leitura, à discussão e às atividades posteriores. Se as crianças forem pequenas, no início dos trabalhos talvez seja necessário fixar apenas 5 ou 10 minutos de concentração para a leitura e a discussão, tempo que pode ser aumentado à medida que elas vão assimilando os procedimentos da comunidade de investigação.

O professor deve, entretanto, ter cuidado para não subestimar essas crianças no decorrer das discussões, principalmente aqueles partidários de Piaget. Por quê? Essencialmente, por causa das fases de desenvolvimento, que são o centro de suas pesquisas educacionais.

Matthews (2001) alerta sobre essa questão quando menciona que é preciso corroborar as afirmações sobre fases de desenvolvimento por meio de padrões de resposta das crianças. Embora as descobertas certifiquem que a reflexão infantil se desenvolve efetivamente desta ou daquela maneira, as respostas incomuns ou estranhas são descartadas. São desconsideradas porque não podem ser tabuladas de maneira confiável. No entanto, é "a resposta divergente que costuma ter um interesse maior para a filosofia. A resposta padrão é, em geral, um produto impensado e não elaborado da socialização, ao passo que a resposta discrepante muito provavelmente é fruto de uma reflexão genuína" (Matthews, 2001, p. 46-47). Se Piaget as descartava como passíveis de serem confiáveis, certamente, era para manter sua metodologia consistentemente palpável; mas o discrepante, em filosofia, pode ser o ponto inicial de uma grande caminhada exploratória.

Nesse sentido, o que queremos é que as crianças possam, no tempo que lhes cabe, elaborar respostas aos problemas, construir uma cadeia de razões capazes de surpreender a elas mesmas como possibilidade e aos outros com novas ideias. Portanto, o tempo de construção de uma comunidade de investigação depende da aprendizagem metodológica, da preocupação com o tema e do entusiasmo pela participação de todos os membros. Fundamental papel tem o professor de filosofia para crianças, pois ele é o responsável por favorecer a compreensão de todo o processo a ser instituído.

5.4 A comunidade em grupos de estudo (diferença de tempo)

Uma comunidade com as propriedades de grupo de estudo se diferencia da disciplina de filosofia no currículo escolar regular, pois depende do compromisso a ser assumido pelas crianças, e não por seus pais e professores. Por esse motivo, tais grupos de estudo são mais apropriados a crianças maiores e jovens, pois deve haver uma demanda necessária, que contagie a todos os membros da comunidade de investigação.

Nos grupos de estudo, o professor, além de ser o detentor do saber, tal qual na disciplina curricular, mantendo o papel de mediador das discussões, atua muito mais como articulador de diferentes pesquisas. Como afirma Rodrigo (2009, p. 87), "do ponto de vista cognitivo, a relação professor-aluno é necessariamente assimétrica". Isso implica que o professor de filosofia que administra e conduz o grupo de estudo esteja ciente da condição que "lhe permite conduzir e dispor lógica e cronologicamente o processo de aprendizagem, atuando na intermediação entre o saber especializado, que ele domina, e o aluno, que o desconhece". Essa lógica da condução da aprendizagem em filosofia torna o grupo de estudo um ambiente privilegiado para a construção de saberes totalmente autênticos, pois, no percurso das discussões, os alunos desenvolvem suas habilidades lógicas e de saberes conectados com as demais instâncias da vida.

Assim, nos grupos de estudo, o professor deve dispor da capacidade de mediar as discussões, que apresentam uma temporalidade larga no processo. Não são discussões que têm tempo preciso de desenvolvimento; elas dependem do momento e do processo de cada ato. Muitas vezes, elas se desenvolvem em períodos longos, de duas a quatro horas, dependendo do nível do grupo em questão. Por que tanto tempo? Porque é preciso demonstrar empenho e dedicação nos diferentes momentos que o grupo desenvolve em cada um dos encontros.

> A natureza própria do discurso é estar entre dois termos – um inicial, outro final – e, portanto, constituir simultaneamente uma etapa de transição, como passagem de uma condição a outra, e também um momento transitório, passageiro, que tem certa duração temporal e, por isso, deve existir sob o regime daquilo que é provisório. (Rodrigo, 2009, p. 89)

Nesse sentido, buscar dentro de um grupo de pesquisa a determinação temporal necessária para que cada membro se desenvolva filosoficamente, tendo as habilidades de discursividade e argumentação lógicas cada vez mais apropriadas à sustentação de um ponto de vista, torna-se um dos objetivos mais latentes. Assim como no caso das metas do ensino curricular de filosofia para crianças, em que se busca uma permeabilidade de suas atividades com a vida cotidiana, o grupo de estudo deve desenvolver tais habilidades com mais profundidade, pois tem, em seu favor, membros compromissados com as próprias pesquisas e com a pesquisa do grupo e dispostos a estudar cada vez mais para solucionar os problemas que estão a sua frente. No grupo de estudo, as pessoas não precisam mais de sedução ao saber, pois já foram suficientemente seduzidas pela vontade de buscar juntas as respostas, pela afetividade que envolve a todos e pela desejada amizade tanto entre os membros como com o saber.

Aristóteles, em sua obra *Ética a Nicômaco* (1991, VIII, p. 139), aborda a temática da amizade como uma das virtudes mais importantes para a vida das pessoas, pois é ela que exalta tanto o igual como o diferente: "A amizade ajuda os jovens a afastarem-se do erro, e aos velhos, atendendo-lhes às necessidades e suprindo as atividades que declinam por efeito dos anos". Segundo o filósofo, o ímpeto em dedicar-se à amizade enobrece o caráter das pessoas, porque estimula todos a praticar boas ações, "pois na companhia de amigos – 'dois que andam juntos' – os homens são mais capazes tanto de agir como de pensar"(Aristóteles, 1991, VIII, p. 139).

Nesse sentido, nos grupos de estudo, cria-se uma relação entre os membros e entre estes e os conteúdos de maior compromisso, pois o tempo dedicado a essa atividade é sempre maior que os horários fixados em uma sala de aula. Aqui estão envolvidos laços de amizade e compromisso que podem não estar presentes na sala de aula, porque não se trata de uma atividade obrigatória, ela é feita por adesão. No entanto, é importante frisar, novamente, que não é apropriada para crianças pequenas, pois elas não têm a capacidade de estabelecer e manter as regras de compromisso do grupo de estudo, principalmente porque é uma atividade para além da sala de aula e depende do empenho de outros (adultos responsáveis).

O tempo para um grupo de estudo ficar ativo na escola dependerá da proposta do professor, da disponibilidade dos alunos e da própria escola para manter uma atividade filosófica extracurricular. Para que o grupo seja absorvido pela estrutura da escola, ele poderá ser parceiro de outros grupos de estudo, de outras disciplinas ou fazer, até mesmo, parcerias interdisciplinares nas pesquisas, o que, certamente, aumentará a importância que adquire no conjunto da estrutura escolar. Não é estranho que o grupo se torne protagonista, então, de "semanas culturais", "gincanas de saberes", "olimpíadas filosóficas" ou qualquer outra atividade que envolva a publicização de seus esforços. Uma escola consciente de seu papel formador será sempre um local onde a filosofia estará presente, não apenas em sala de aula, mas também em atividades extracurriculares, nos corredores e na sala dos professores, ou seja, a filosofia penetra a estrutura da escola como forma de reflexão profunda acerca das ações, dos conceitos e dos princípios dos quais a própria escola é protagonista.

Síntese

Neste último capítulo, buscamos refletir sobre a prática, as possibilidades e as necessidades relacionadas à formação de uma comunidade de investigação na escola. Tomamos como base dois pontos: primeiro, a aprendizagem filosófica é algo que tende a permanecer durante o processo educativo; segundo, ela deve ter um propósito que desenvolva a capacidade das crianças. Demonstramos que a capacidade de deixar aprender está diretamente vinculada à capacidade de deixar as crianças desenvolverem a própria capacidade de ler a realidade, de forma autêntica e criativa. Apresentamos, também, como se dão o estabelecimento das comunidades de investigação e sua ambientação, além dos critérios de discussão e seus objetivos. Comentamos sobre a diferença entre a disciplina de filosofia para crianças no currículo escolar e os grupos de discussão filosófica. Verificamos que as temáticas devem ser cumulativas, e não episódicas, para que se possa construir bons significados e estruturas mentais nas crianças. Tratamos, ainda, de estratégias para a comunidade de investigação e do necessário planejamento do professor, além da diferença entre a disciplina em sala de aula e os grupos de estudo.

Indicações culturais

Neste capítulo, verificamos que a prática e a descoberta de estratégias de ensino e aprendizagem são importantes. Assim, como forma de refletir sobre a necessidade de integrar boas ações e modos de pensar e agir, sugerimos os seguintes filmes.

SOCIEDADE dos poetas mortos. Direção: Peter Weir. EUA: Disney/Buena Vista, 1989. 128 min.

Esse filme retrata o início de uma sociedade de estudantes universitários que se ausentam das estruturas da instituição para lerem poemas. Esse fenômeno é iniciado quando um novo professor chega à universidade e os incentiva a pensarem por si mesmos. Essa atitude de livre pensar vai modificando as personalidade dos jovens e fazendo que eles adquiram novos padrões para a ação. Eles também começam a refletir sobre suas vontades, seus valores e seus sonhos.

IEP!. Direção: Rita Horst, Ellen Smit. Bélgica: A Private View, 2010. 82 min.

Essa obra conta a história de uma menina que tem asas no lugar dos braços. Ela é encontrada na floresta por um estudioso em pássaros e é acolhida como filha por ele e sua mulher. O casal decide criá-la; porém, no outono, a menina voa para o sul, junto a outros pássaros, e inicia uma incrível viagem.

A GUERRA dos botões. Direção: Yann Samuell. França: Imovision, 2011. 109 min.

Essa história se passa em uma aldeia do sul da França, onde um grupo de meninos entra em guerra com os meninos da aldeia vizinha. Mesmo sendo uma batalha tradicional nas diversas gerações de meninos, eles continuam tentando esconder a situação de suas famílias. Os meninos lutam por honra e lealdade e tentam, a cada momento, burlar o fato de chegarem em casa com roupas rasgadas e sem botões.

CE N'EST qu'un début. Direção: Pierre Barougier; Jean-Pierre Pozzi. França: Ciel de Paris Production, 2010. 102 min.

O documentário mostra a iniciação filosófica de crianças pequenas, retratando uma experiência interessante para que se possa verificar como as crianças podem ser introduzidas na reflexão filosófica com maestria. Demonstra, também, que a condução do professor deve estar atrelada à aprovação dos pais e responsáveis, pois esse processo de reflexão é ímpar para a vida e o desenvolvimento das crianças. O *site* <www.cenestquundebut.com> apresenta todo o trabalho realizado e toda a documentação que apoia essa iniciativa reflexiva com crianças.

Atividades de autoavaliação

1. Qual deveria ser o principal motivo para uma escola introduzir a disciplina de filosofia para crianças em seu currículo?

    a) A disciplina está na moda e, como é importante seguir a moda, devemos introduzir essa disciplina na estrutura do currículo.

    b) A disciplina é a única esperança educativa que surgiu nos últimos tempos; assim, devemos introduzi-la nas atividades físicas da escola.

    c) A disciplina se propõe a desenvolver as habilidades cognitivas e racionais da criança, e essa é uma interessante meta para a educação.

    d) É uma disciplina que não contribui para a melhoria da educação, mas pode ser uma boa forma de os pais pagarem as mensalidades escolares.

e) É uma disciplina que se propõe a desenvolver a parte motora e artística da criança; então, trata-se de uma disciplina interessante para o currículo.

2. Assinale V para as alternativas verdadeiras e F para as falsas:
( ) Ensinar e aprender filosofia são assuntos ainda em pleno desenvolvimento, pois não há metodologia definitiva que garanta seu sucesso, qualquer que seja o grupo de alunos.
( ) O professor não precisa estar preparado filosoficamente, mas deve ter personalidade provocativa e questionadora, capaz de contagiar a todos.
( ) As crianças devem ser incentivadas à participação pelo prazer do diálogo e disciplinadas no sentido do respeito e da tolerância em face de outros pontos de vista.
( ) O orientador da comunidade de investigação deve ter atenção total, pois os sujeitos ali envolvidos estão em busca de significados para a própria vida, para descobrir algo que está neles.
( ) A prática filosófica com crianças precisa de métodos definitivos e que tenham sido testados e aprovados.

3. Assinale a alternativa **incorreta**:
a) A filosofia é uma disciplina que considera formas alternativas de agir, criar e falar.
b) Para descobrirem as alternativas do pensamento, os filósofos persistentemente avaliam e examinam as próprias pressuposições, questionam o que outras pessoas normalmente têm como certo e especulam imaginativamente sobre quadros de referência cada vez mais amplos.

c) As atividades de que os filósofos participam são o resultado de sua preparação filosófica.

d) A educação filosófica não tem êxito quando incentiva e capacita as pessoas a se envolverem no questionamento crítico e na reflexão inventiva.

e) A educação filosófica deve ter um propósito, o de aprender e praticar o pensamento filosófico.

4. Assinale V para as alternativas verdadeiras e F para as falsas:

( ) As escolhas, as deliberações e os planejamentos estarão diretamente conectados com as capacidades e as habilidades desenvolvidas na reflexão filosófica.

( ) O que poderá ser aprendido pelo professor são os procedimentos, que podem ser sempre mais aprimorados, de deixar aprender, de priorizar a confiança nas crianças e de esclarecer os valores que aquele grupo assume como seus.

( ) A diferença entre uma mera discussão e uma discussão filosófica são as razões e as justificativas exigidas para as opiniões apresentadas; assim procedendo, estas se tornam verdades.

( ) Se a criança não apresentar a opinião da maioria presente na sala de aula, é pertinente que o professor corrija seu pensamento, para que todos assimilem a mesma lição.

( ) O professor deve respeitar e ajudar a esclarecer a posição das crianças em relação um assunto, mesmo que essa posição seja totalmente contrária ao que ele pensa.

5. Para estabelecer uma comunidade de investigação, é necessário que:
   a) as crianças sejam incentivadas à participação por meio das notas a obter e disciplinadas para que fiquem sentadas.
   b) o professor seja bem preparado filosoficamente e tenha uma personalidade provocativa e questionadora, capaz de contagiar a todos.
   c) as temáticas sejam totalmente novas para todos, ou seja, representem um estranhamento típico da filosofia, pois apenas assim as crianças se interessarão.
   d) as crianças desenvolvam o gosto pela atividade da disputa retórica e tenham capacidade de persuadir os outros, pois pensar não é uma atividade comunitária.

Atividades de aprendizagem

Questões para reflexão

1. Em sua escola, é possível iniciar a disciplina de filosofia para crianças? Como seria esse procedimento?

2. Em relação à temporalidade, você concorda que uma criança é capaz de ficar atenta a um único assunto durante uma discussão filosófica? Apresente argumentos e comentários.

3. Qual é a principal diferença apresentada entre a disciplina e o grupo de estudo de filosofia? Argumente.

4. Como é possível dirigir uma discussão filosófica sem inculcar opiniões e pontos de vista se as crianças são seres que acolhem a opinião dos adultos?

5. Desenvolva uma argumentação sobre os materiais que devem ser utilizados na disciplina de filosofia para crianças, apontando o tipo e a importância desses recursos para o desenvolvimento intelectual dos alunos.

Atividade aplicada: prática

Escolha uma criança para realizar uma observação, atividade que deverá ser desenvolvida em três momentos diferentes. Fique atento ao tempo de observação. Descreva as oportunidades de desenvolvimento do pensamento filosófico que foram perdidas. Ao assinalar o conteúdo perdido, simule uma forma de desenvolvê-lo. Não interaja com a criança observada, apenas elabore a argumentação que poderia ter sido utilizada na oportunidade perdida, pensando sempre em como desenvolver a reflexão filosófica.

Considerações finais

Ao chegarmos ao fim deste livro, temos a convicção de que não esgotamos o assunto sobre o trabalho com filosofia no ensino fundamental, pois ele é uma fonte inesgotável de discussões. Certamente, estamos em um momento de grandes conquistas nessa área, que cada vez cresce mais em importância e presteza para a educação. No entanto, podemos pensar que o percurso para se trabalhar com crianças em uma comunidade de investigação na escola básica passa, necessariamente, por um aprimoramento do professor de filosofia, um aprimoramento que não apenas leva em conta a consistência de formação filosófica, mas também sua capacidade de traduzir expressões, vivências e experiências que possam ser compartilhadas em sala de aula.

Neste texto, destacamos que a estruturação dessa prática escolar se iniciou com Sócrates, no momento em que a filosofia se tornou assunto de praça pública (ágora), e que, no século XX, foi sistematizada por Matthew Lipman, com a clara intenção de promover uma educação filosófica para melhorar a capacidade intelectual de crianças e jovens, de modo que aprendam a pensar melhor. Seu método e suas novelas filosóficas, especialmente desenvolvidas para as crianças, parecem ser o ponto alto de seu trabalho. Nesse período de tempo, muitos foram aqueles que contribuíram para que a filosofia se tornasse fundamental na escola, como Dewey, Rousseau e Kant; porém, ainda hoje, questiona-se se é possível fazer um trabalho sério nessa área com crianças. Certamente, sim, mas não como se estuda filosofia na universidade ou no ensino médio, pois, com crianças, precisamos sempre dar sentido ao que fazemos e propomos.

Lipman desejava formar jovens mais racionais e lógicos, que pudessem usar o pensamento, a energia e a criatividade para transformar realidades. Nós podemos escolher o mesmo caminho, ou não – nada está definido em termos de educação filosófica. Não há o certo ou o errado, há apenas o compromisso de manter o diálogo aberto para que possamos nos compreender mutuamente, promovendo o respeito e a tolerância. Neste livro, buscamos estabelecer um caminho para a liberdade da própria formação do professor de filosofia, pois a proposta da comunidade de investigação é uma provocação para que os procedimentos da reflexão com crianças prevaleçam na escola. Esse comprometimento do professor e sua relação com o ambiente escolar devem ser a marca da atitude reflexiva e filosófica na escola.

O pensamento crítico e cuidadoso das crianças e dos jovens será, cada vez mais, a esperança de mudança no futuro, pois, se o empenho do presente produz o futuro, será apenas em uma escola comprometida com o desenvolvimento intelectual e o respeito aos direitos humanos que teremos os objetivos alcançados. É importante salientarmos que a liberdade de todos os participantes de uma discussão filosófica é fundamental, porque explorar o próprio pensamento pode ser a experiência mais fantástica que um ser humano pode ter. Assim, é fundamental que a primeira experiência de uma criança com a investigação e o pensamento seja bem-sucedida. É papel dos professores de filosofia lhe proporcionar esse encanto, permitir essa admiração e esse espanto diante da vida e do mundo. Se um dia as comunidades de investigação forem efetivadas no ensino fundamental, é possível que tenhamos novas gerações com mais capacidade de reflexão e de ação diante do mundo e dos desafios do porvir.

Desejamos que a leitura tenha sido agradável, mas que tenha sido, também, insuficiente, pois, quanto mais desejo de conhecimento despertamos em nós, maior é o ímpeto por saciá-lo.

Referências

ARENDT, H. **Entre o passado e o futuro.** São Paulo: Perspectiva, 2000. (Debates – Política).

ARISTÓTELES. **Ética a Nicômaco: Poética.** São Paulo: Nova Cultural, 1991. (Os Pensadores).

ARISTÓTELES. **Tratados de lógica (Órganon).** Introducciones, traducciones y notas de Miguel Candel Sanmartín. Madrid: Gredos, 1994.

BRANDÃO, J. L. A formação do leitor em Plutarco. In: FERREIRA, J. R. (Coord.). **Plutarco: educador da Europa.** Actas do Congresso. Porto: Fundação Eng. António de Almeida, 2002. p. 197-211.

BRENIFIER, O. **Questions de philo entre ados.** França: Seuil Jeunesse, 2007.

BRENIFIER, O.; DESPRÉS, J. **O sentido da vida.** Belo Horizonte: Autêntica, 2013.

CARRETERO, M. **Construtivismo e educação.** 2. ed. Porto Alegre: Artmed, 2002.

COLL, C. et al. **Desenvolvimento psicológico e educação**: psicologia da educação escolar. 2. ed. Porto Alegre: Artmed, 2004. v. 2. (Biblioteca Artmed).

DORION, L-A. **Compreender Sócrates**. 2. ed. Petrópolis: Vozes, 2008.

DROIT, R-P. **A filosofia explicada à minha filha**. São Paulo: M. Fontes, 2005.

DUHART, O. G. **Filosofía para la infancia**: relatos y desarrollo de actividades. Buenos Aires: Noveduc, 2009.

FERREIRA, A. B. de H. **Novo Aurélio século XXI**: o dicionário da língua portuguesa. 3. ed. rev. e ampl. Rio de Janeiro: Nova Fronteira, 1999.

FERREIRA, J. R. (Coord.). **Plutarco**: educador da Europa. Actas do Congresso. Porto: Fundação Eng. António de Almeida, 2002.

FERRY, L. **A revolução do amor**: para uma espiritualidade laica. Maia: Temas e Debates, 2011.

FREIRE, P. **Pedagogia do oprimido**. Rio de Janeiro: Paz e Terra, 1981.

FRANKLIN, K. **Mitos platônicos para crianças**: a filosofia através dos mitos. Fortaleza: Ed. da UFC, 2005. v. 1.

GARDNER, H. Prefácio: Perspectivas complementares sobre Reggio Emilia. In: EDWARDS, C.; GANDINI, L.; FORMAN, G. (Org.). **As cem linguagens da criança**: a abordagem de Reggio Emilia na educação da primeira infância. Porto Alegre: Artmed, 1999.

GILLIGAN, C. **In a Different Voice**: Psychological Theory and Women's Development. Cambridge: Harvard University Press, 1982.

HEIDEGGER, M. **Ser e tempo**. Petrópolis. Vozes; Bragança Paulista: Edusf, 2006. (Pensamento Humano).

IRIGARAY, L. **Parler n'est jamais neutre**. Paris: Les Éditions de Minuit, 1985 (Collection Critique).

KANT, I. **Sobre a pedagogia**. 5. ed. rev. Piracicaba: Ed. da Unimep, 2006.

KOHAN, W. O. (Org.). **Lugares da infância**: filosofia. Rio de Janeiro: DP&A, 2004.(Coleção Sócrates).

KOHAN, W. O. **Infância**. entre educação e filosofia. Belo Horizonte: Autêntica, 2005.

LIPMAN, M. **A filosofia vai à escola**. São Paulo: Summus, 1990. (Novas Buscas em Educação, v. 39).

LIPMAN, M.; SHARP, A. M.; OSCANYAN, F. S. **Filosofia na sala de aula**. 2. ed. São Paulo: Nova Alexandria, 1997.

LORIERI, M. A. O trabalho de filosofia com crianças e jovens nos últimos vinte anos. In: KOHAN, W. O. (Org.). **Lugares da infância**: filosofia. Rio de Janeiro: DP&A, 2004, p. 155-175. (Coleção Sócrates).

MARTÍN, E.; SOLÉ, I. A aprendizagem significativa e a teoria da assimilação. In: COLL, C. et al. **Desenvolvimento psicológico e educação**: psicologia da educação escolar. 2. ed. Porto Alegre: Artmed, 2004. p. 60-80. v. 2.

MATTHEWS, G. B. **A filosofia e a criança**. São Paulo: M. Fontes, 2001.

MOLINIER, P.; LAUGIER, S.; PAPERMAN, P. **Qu'est-ce que le care?** Souci des autres, sensibilité, responsabilité. Paris: Payot & Rivages, 2009. (Petite Bibliothèque Payot).

MONTAIGNE, M. de. **A educação das crianças**. São Paulo: M. Fontes, 2005. (Breves Encontros).

MORAES, J. Q. de. **Epicuro**: máximas principais. São Paulo: Edições Loyola, 2010. (Clássicos da Filosofia).

NUROCK, V. (Coord.). **Carol Gilligan et l'éthique du care**. Paris: PUF, 2010. (Débats Philosophiques).

PAVIANI, J. **Ensinar**: deixar aprender. Porto Alegre: EdiPUCRS, 2003. (Coleção Filosofia, n. 154).

PERINE, M. **Ensaio de iniciação ao filosofar**. São Paulo: Loyola, 2007. (Filosofar É Preciso).

PINHEIRO, C. de M. **Kant e a educação**: reflexões filosóficas. Caxias do Sul: Educs, 2007.

PLATÃO. **Obras completas**. 2. ed. Madrid: Aguilar, 1990.

RODRIGO, L. M. O filósofo e o professor de filosofia: práticas em comparação. In: TRENTIN, R.; GOTO, R. (Org.). **A filosofia e seu ensino**: caminhos e sentidos. São Paulo: Loyola, 2009. p. 79-93. (Filosofar É Preciso).

ROUSSEAU, J-J. **Emílio ou Da educação**. 2. ed. São Paulo: M. Fontes, 1999.

SANTIAGO, G. **En la tierra de los dinosaurios**. Buenos Aires; México: Noveduc, 2007.

SARDI, S. A. **Ula**: um diálogo entre adultos e crianças – Orientações ao professor. 2. ed. Petrópolis: Vozes, 2004. (Textos para Começar a Filosofar).

SCHOPENHAUER, A. **A arte de ter razão**: exposta em 38 estratagemas. São Paulo: M. Fontes, 2001. (Breves Encontros).

SHARP, A. M. A outra dimensão do pensamento que cuida. In: KOHAN, W. O. (Org.). **Lugares da infância**: filosofia. Rio de Janeiro: DP&A, 2004. p. 121-130. (Coleção Sócrates).

SILVEIRA, R. J. T. A filosofia para crianças de Matthew Lipman: a abordagem problematizadora. In: SILVEIRA, R. J. T.; GOTO, R. (Org.). **Filosofia na escola**: diferentes abordagens. São Paulo: Loyola, 2008. p. 57-84. (Coleção Filosofar É Preciso).

SILVEIRA, R. J. T. **Matthew Lipman e a filosofia para crianças**: três polêmicas. Campinas: Autores Associados, 2003. (Polêmicas de Nosso Tempo, n. 83).

SOARES, C. **Crianças e jovens nas vidas de Plutarco**. Coimbra: Ed. do Centro de Estudos Clássicos e Humanísticos da Universidade de Coimbra, 2011. (Autores Gregos e Latinos – Série Ensaios).

VASCONCELLOS, C. Educação segundo as abelhas: uma pedagogia montaniana. In: MONTAIGNE, M. de. **A educação das crianças**. Tradução de Rosemary Costhek Abílio. São Paulo: M. Fontes, 2005. p. V-XII.

Bibliografia comentada

FERRY, L. **A revolução do amor**: para uma espiritualidade laica. Maia: Temas e Debates, 2011.

Esse texto descreve as pressuposições da concepção de um segundo humanismo na história humana com base no amor. Esse sentimento é o ponto de partida para a análise das questões contemporâneas. Ferry desenvolve sua própria interpretação filosófica da contemporaneidade, com base em pressupostos do amor como mola pulsante das ações humanas. Sua abordagem é interessante para se compreender como o casamento por amor modifica o estatuto das relações humanas por meio da responsabilidade pelo fracasso ou pelo sucesso, pelas venturas e pelas desventuras dos indivíduos imersos em relações por escolha e que se legitimam na vontade humana.

ROUSSEAU, J.-J. **Emílio ou Da educação**. 2. ed. São Paulo: M. Fontes, 1999.

Trata-se de uma obra de referência em todos os cursos de filosofia e educação, um clássico da literatura educacional. Nela Rousseau apresenta suas teses e recomendações para a educação de crianças e jovens, por meio do aluno imaginário Emílio. Suas reflexões educacionais vão desde a concepção das crianças até a vida adulta, quando Emílio encontra sua Sofia e inicia um novo ciclo educacional. O educando se torna educador, como o filho se torna pai.

PINHEIRO, C. de M. **Kant e a educação**: reflexões filosóficas. Caxias do Sul: Educs, 2007.

Essa obra sintetiza as teorias educacionais de Immanuel Kant. Apresenta suas reflexões fundamentais acerca da educação das crianças, mas não descuida em esclarecer o importante processo de aquisição de formação pelo qual o homem passa. Assim, temos aqui tanto as reflexões relativas à educação das crianças como as reflexões acerca da moralidade dos adultos autônomos. A questão da autonomia e da liberdade também tem espaço nessa interessante obra.

PERINE, M. **Ensaio de iniciação ao filosofar**. São Paulo: Loyola, 2007. (Filosofar É Preciso).

Nesse texto, o leitor encontra uma reflexão profunda sobre a iniciação filosófica, o próprio modo como a filosofia se desenvolve em seu fazer e a natureza da atividade filosófica, que se apresenta como algo inicialmente inevitável para aquele que busca respostas às próprias questões da existência. A filosofia é oferecida como um caminho a ser seguido por todo aquele que busca esclarecer a si mesmo.

Respostas

Capítulo 1

Atividades de autoavaliação
1. V, V, F, F, F
2. d
3. a
4. V, F, V, F, V
5. F, V, F, F

Atividades de aprendizagem

Questões para reflexão
1. É necessário ser capaz de identificar o que são questões existenciais (por exemplo, questões sobre a morte, a vida, os sonhos, a realidade etc.). Deve-se identificar que há necessidade de transposição linguística delas para o diálogo com crianças.

2. É preciso ser capaz de identificar que a linguagem do senso comum é apenas um ponto de partida para a construção dos conceitos filosóficos.
3. Deve-se ser capaz de argumentar a favor do uso da linguagem filosófica com crianças na construção de conceitos, mas tendo como objetivo o aprofundamento das questões e a capacidade de resolução dos dilemas filosóficos.
4. Deve-se explicar o que significa a atividade filosófica, dando exemplos e explicando-os, além de apresentar a reflexão criteriosa como ponto forte do processo filosófico.
5. As três pedagogias apresentadas por Ferry e a preferência pela pedagogia do trabalho devem ser consideradas. Deve-se apresentar argumentos em que se explique como a pedagogia do trabalho e a própria filosofia podem contribuir para o desenvolvimento dos processos de reflexão da criança.

Atividade aplicada: prática

Nessa atividade, é necessário apresentar o conceito de maiêutica, com base neste livro ou em pesquisas complementares. Deve-se explicar como é o procedimento dialógico que se utiliza na maiêutica, bem como a necessidade da linguagem adequada para os diálogos filosóficos.

Capítulo 2

Atividades de autoavaliação
1. F, F, V, V, F
2. c
3. c
4. V, V, F, V, F
5. c

Atividades de aprendizagem

Questões para reflexão

1. O sistema educacional brasileiro deve ser analisado, apontando-se seus pontos fortes e seus pontos fracos, suas deficiências e seus comprometimentos. Deve-se ser capaz de perceber como a educação brasileira é pontuada por transmissão de conteúdos, não produção de conhecimento. Além disso, é necessário conseguir diagnosticar que a escola não apresenta significado para as crianças e para os jovens por causa da restrita pesquisa aplicada.
2. Deve-se identificar o que são as habilidades lógicas mencionadas no texto, escolher as que parecem mais importantes e argumentar sobre a importância delas no desenvolvimento das crianças e dos jovens.
3. É necessário descrever as estruturas escolares, diagnosticando-se quais são os pontos fracos para o exercício da filosofia ou da reflexão dialógica no ambiente escolar. Deve-se apresentar criatividade em propor novas estruturas e analisar quais ambientes são mais propícios à reflexão e ao diálogo.
4. É preciso identificar a formação de professores e seus avanços e recuos como diretamente ligados ao desenvolvimento das habilidades da criança e do jovem.
5. A formação de professores deve ser identificada como um ponto forte na aplicação de novas metodologias na escola. Deve-se apresentar capacidade de argumentação por meio de exemplos e contraexemplos.

Atividade aplicada: prática

Deve-se demonstrar capacidade de pesquisa na internet, comprometendo-se com a qualidade das fontes selecionadas. É importante elencar os países onde o programa de Lipman foi introduzido, bem como argumentar sobre o desenvolvimento das metodologias do programa nessas localidades.

Capítulo 3

Atividades de autoavaliação

1. V, V, F, V, F
2. a
3. V, F, V, V, V
4. d
5. c

Atividades de aprendizagem

Questões para reflexão

1. Deve-se descrever criticamente o próprio percurso educacional, desde a alfabetização até o presente. É preciso que o leitor apresente criticidade ao relacionar os tipos de pedagogia a que foi submetido em sua escolarização.
2. É necessário indicar a educação filosófica como norteadora de processos educacionais comprometidos. Deve-se demonstrar que a educação para o pensar ou a educação reflexiva é um caminho eficiente.
3. Pode-se fazer uma argumentação crítica em que se identifique que a mudança da cultura de adultos e de crianças é o norte. É importante indicar que as crianças precisam aprender a dialogar

e exercitar esse procedimento tanto entre si mesmas como com os adultos.

4. É preciso ser capaz de perceber que a liberdade na discussão depende da confiança dos interlocutores. Deve-se indicar que o ambiente de respeito, empatia e comprometimento é fundamental para a discussão filosófica na escola.

5. Deve-se ser capaz de argumentar sobre a compreensão do que são temporalidade interna e temporalidade externa.

Atividade aplicada: prática

Nessa atividade, pode-se apresentar um texto sintético sobre a história da infância. Deve-se justificar as diferentes concepções de infância (Aristóteles, Rousseau e Kant). É importante ser capaz de analisar criticamente o olhar sobre a infância e suas consequências na modernidade.

Capítulo 4

Atividades de autoavaliação

1. V, V, V, V, V
2. e
3. b
4. V, F, V, V, F
5. a

Atividades de aprendizagem

Questões para reflexão

1. É necessário apresentar a própria concepção do conceito de criticidade e criatividade, relacionando-a aos conceitos encontrados

no texto. Deve-se desenvolver boas razões para concordar ou não com o que foi apresentado.
2. O leitor pode explicar sua compreensão anterior acerca do pensamento que cuida e seu entendimento da ética do *care*. É importante ser capaz de descrever o estado atual de sua compreensão após a leitura do texto, relacionando o que foi acrescentado à sua compreensão inicial.
3. É necessário apresentar a concepção de ética do *care*, apresentando seus fundamentos e sua prática. É possível utilizar-se de exemplos para esclarecer a própria posição.
4. Nessa questão, o leitor deve descrever e demonstrar como e se sua trajetória educacional esteve ligada à criatividade. É importante que demonstre um olhar crítico sobre a própria formação.
5. É necessário que o leitor demonstre e justifique suas preferências filosóficas e sobre os materiais citados. É importante ser capaz de argumentar e justificar suas escolhas.

Atividade aplicada: prática

Nessa atividade, é preciso desenvolver pesquisa sobre o assunto requerido, apresentando seu significado, seu alcance e sua intenção. Deve-se justificar as fontes utilizadas, explicitando sua pertinência e importância, bem como apresentar um texto crítico que faça as conexões entre a *ethic of care* e a prática escolar.

Capítulo 5

Atividades de autoavaliação
1. c
2. V, F, V, V, F
3. d

4. V, V, F, F, V
5. b

Atividades de aprendizagem

Questões para reflexão

1. O leitor deve demonstrar capacidade de análise e crítica sobre o ambiente em que trabalha. É importante ser capaz de diagnosticar e resolver problemas e apresentar modos criativos de propor a atividade na estrutura escolar.
2. Nessa questão, deve-se demonstrar capacidade de perceber e compreender as relações infantis. É necessário apresentar uma argumentação consistente, a favor ou contra a questão abordada.
3. É preciso perceber a diferença de natureza das duas atividades, descrever cada uma delas e a relação que as crianças e os jovens têm com a filosofia em cada atividade.
4. Deve-se analisar criticamente os procedimentos metodológicos do trabalho com filosofia para crianças. É preciso identificar o que é pertinente, ou não, fazer, dizer e inferir, além de apresentar exemplos de procedimentos capazes de dar bom termo a uma reflexão filosófica com crianças.
5. Deve-se apresentar capacidade crítica na escolha de materiais, defendendo as escolhas por meio de justificação.

Atividade aplicada: prática

É necessário indicar temas e conceitos, identificando as oportunidades de desenvolvimento do pensamento filosófico. Deve-se demonstrar capacidade criativa no exercício de simulação, de modo a descrever as construções mentais de crianças e de professores no cotidiano escolar.

Sobre a autora

Karen Franklin possui Graduação em Filosofia pela Universidade Federal do Paraná (UFPR) – 1992, mestrado em Filosofia (1995) e doutorado em Filosofia pela Pontifícia Universidade Católica do Rio Grande do Sul (PUCRS)/ Université de Toulouse II – Le Mirail (2004). Fez pós-doutorado pela PUCRS (2013), junto ao Centro Brasileiro de Pesquisas em Democracia, criado em 2009 pela PUCRS e pela Universidade Federal do Rio Grande do Sul (UFRGS) – 2019, junto ao Departamento de Estudos Básicos da Faculdade de Educação da UFRGS. É professora titular da UFPR (vínculo desde 1996). Foi coordenadora de Desenvolvimento Social da Pró-Reitoria de Extensão e Cultura (2009-2010), coordenadora da Especialização em Filosofia da Educação: Ética, Política e Educação (2008-2012) e vice-coordenadora do Curso de Pedagogia EAD da UFPR. Atuou como Coordenadora do PIBID – Filosofia nos anos de 2011/2012 e 2014/2015 e hoje atua no PIBID – Pedagogia. É professora do curso de Pedagogia e demais licenciaturas e do mestrado profissional em Filosofia da UFPR. Desenvolve pesquisas sobre a Antiguidade, Filosofia Política, Direitos Humanos, Ensino de Filosofia. Desenvolve projetos na área de filosofia no ensino fundamental. Organizou publicações da área de filosofia e direitos humanos, fundamentos da educação e direitos humanos, publicou capítulos de livros relativos à educação filosófica, filosofia antiga, filosofia política, direitos humanos, entre outras temáticas.

Impressão:
Maio/2023